GUIA VISUAL - FOLHA DE S.PAULO

RUSSO

GUIA DE CONVERSAÇÃO PARA VIAGENS

DORLING KINDERSLEY

PUBLIFOLHA

DK | Penguin Random House

Título original: *Russian Phrase Book*

Publicado originalmente no Reino Unido em 1998 pela Dorling Kindersley Limited, uma empresa da Penguin Random House, 80 Strand, WC2R 0RL, Londres, Inglaterra.

Organizado pela Lexus Ltd com Geoffrey e Ekaterina Smith

Coordenação do projeto: Publifolha
Produção editorial: Página Viva
Tradução: Rosemarie Ziegelmaier
Consultoria: Ekaterina Vólkova Américo, Edelcio Rodiney Américo

Fotos da capa: Dorling Kindersley

Dados Internacionais de Catalogação na Publicação (CIP)
(Câmara Brasileira do Livro, SP, Brasil)

Russo : guia de conversação para viagens / Dorling Kindersley ; [tradução Rosemarie Ziegelmaier]. -- São Paulo : Publifolha, 2015. -- (Guia de conversação para viagens)

Título original: Russian phrase book.
ISBN 978-85-7402-921-4

1. Russo - Vocabulários e manuais de conversação - Português
I. Dorling Kindersley. II. Série.

15-05364 CDD-491.782469

Índices para catálogo sistemático:
1. Guia de conversação russo-português : Linguística 491.782469

2ª reimpr. da 3ª ed. de 2015.

Este livro segue as regras do Acordo Ortográfico da Língua Portuguesa (1990), em vigor desde 1º de janeiro de 2009.

Impresso na RR Donnelley sobre papel offset 90 g/m² em agosto de 2018.

PUBLIFOLHA
Divisão de Publicações do Grupo Folha
Al. Barão de Limeira, 401, 6º andar
CEP 01202-900, São Paulo, SP
www.publifolha.com.br

UM MUNDO DE IDEIAS
www.dk.com

SUMÁRIO

PREFÁCIO

Este *Guia de Conversação para Viagens* foi criado com o objetivo de auxiliar quem circula pelo mundo, seja a passeio, seja a trabalho. Ele compreende um vasto repertório de palavras e frases úteis, distribuídas em seções temáticas como Hotéis, No Carro, Compras e Serviços, Saúde e assim por diante, além de um minidicionário com cerca de 2 mil palavras. Oferece também um amplo manual de termos ligados à culinária, com aproximadamente 600 itens, entre pratos, ingredientes, modos de preparar e apresentação.

Respostas típicas a perguntas que você precisará fazer durante a viagem aparecem destacadas em quadros, assim como expressões ou instruções que você provavelmente vai ver ou ouvir. A Introdução ensina em linhas gerais o básico da pronúncia do idioma. E no texto principal a pronúncia de palavras e frases é imitada com sílabas em português.

Os Guias de Conversação para Viagens complementam a série Guias Visuais, os guias turísticos mais completos e ilustrados disponíveis em português. Além de informações sobre cultura, história, passeios, eventos, hotéis, restaurantes, compras e diversões, cada título traz centenas de fotos, mapas detalhados e ilustrações que mostram o interior de monumentos.

INTRODUÇÃO

Pronúncia

Ao pronunciar as palavras, enfatize as sílabas que estão destacadas. Pronuncie cada uma como se fizesse parte de uma palavra em português e provavelmente você será compreendido. Lembre-se das orientações a seguir e conseguirá se expressar de uma forma bastante próxima ao idioma russo correto:

g sempre com som de 'gato', 'garrafa', nunca como em 'geografia'
kh aspirado, como na palavra em inglês 'house'
' indica o abrandamento da consoante que a antecede, como por exemplo no português 'lh'
o em russo sempre com som fechado
y duro como a letra 'i' em 'tia' do português de Portugal

O minidicionário relaciona a tradução para o russo de uma forma que permite a pronúncia sem necessidade de recorrer ao alfabeto russo. Nas frases, as abreviações *(m)* e *(f)* indicam se a forma apresentada está no masculino ou feminino.

Nas páginas seguintes, mais explicações sobre a pronúncia e orientações sobre o alfabeto russo (cirílico).

O ALFABETO CIRÍLICO

letra		*pronúncia*
А	а	(*a*) como em 'amor'
Б	б	(*b*) como em 'barco'
В	в	(*v*) como em 'vaca'
Г	г	(*g*) como em 'gato'
Д	д	(*d*) como em 'idade'
Е	е	(*ie*) como em 'Iemanjá'
Ё	ё	(*io*) como em 'iogurte'
Ж	ж	(*j*) como em 'jarra'
З	з	(*z*) como em 'zebra'
И	и	(*i*) como em 'ilha'
Й	й	(*ii*) como em 'maiô'
К	к	(*k*) como em 'casca'
Л	л	(*l*) como em 'leão'
М	м	(*m*) como em 'mãe'
Н	н	(*n*) como em 'nabo'
О	о	(*ô*) como em 'coco'
П	п	(*p*) como em 'pato'
Р	р	(*r*) como em 'parque'
С	с	(*s*) como em 'sapo'
Т	т	(*t*) como em 'tatu'
У	у	(*u*) como em 'uísque'

letra		*pronúncia*
Ф	ф	(*f*) como em 'faca'
Х	х	(*kh*) como o 'h' da pronúncia inglesa de 'house'
Ц	ц	(*ts*) como em 'pizza'
Ч	ч	(*tch*) como em 'tchau'
Ш	ш	(*ch, sh, x*), como em 'choro'
Щ	щ	(*chi, shi*) como acima, mas com um suave prolongamento
Ъ	ъ	sem som, mas indica uma pausa antes da próxima letra
Ы	ы	(*y*) similar a 'tia' como no português de Portugal
Ь	ь	sem som, mas indica que se deve suavizar a consoante anterior, na pronúncia é como 'h' na palavra 'sonho'; na pronúncia é marcado como '
Э	э	(*e*) como em 'eco'
Ю	ю	(*iu*) como em 'Iuri'
Я	я	(*ia*) como em 'Iara'

FRASES ÚTEIS PARA O DIA A DIA

Sim/não
Да/нет
da/niet

Obrigado (a)
Спасибо
spassiba

Não, obrigado (a)
Нет, спасибо
niet, spassiba

Por favor
Пожалуйста
pajalsta

Eu não entendo
Я не понимаю
ia ni panima-iu

Você fala inglês?
Вы говорите по-английски?
vy gavaritie pa-anglisski?

Eu não falo russo
Я не говорю по-русски
ia ni gavariu pa-russki

Eu não sei
Я не знаю
ia ni zna-iu

Por favor, fale mais devagar
Пожалуйста, говорите медленнее
pajalsta, gavarite miedlinie

Por favor, anote para mim
Пожалуйста, напишите это для меня
pajalsta, napichitie eta dlia minia

Meu nome é…
Меня зовут...
minia zavut...

Como vai, prazer em conhecê-lo (a)
Здравствуйте, очень приятно
zdrastvuitie, otchen' priátina

Bom dia
Доброе утро
dobraie utra

Boa tarde
Добрый день
dobryi dien'

Boa noite *(ao chegar)*
Добрый вечер
dobryi vietchir

Boa noite *(ao se deitar)*
Спокойной ночи
spakoinai notchi

Boa noite *(ao se despedir)*
Счастливо
chiasliva

Adeus, até logo
До свидания
da svidania

Como vai?
Как дела?
kak dila?

Com licença, por favor
Извините, пожалуйста
izvinitie, pajálsta

Desculpe!
Простите!
prastite!

Sinto muito
Я очень сожалею
ia ochin' sajilieiu

Pode me ajudar?
Вы можете мне помочь?
vy mojite mni pamotch'?

Pode me dizer…?
Скажите, пожалуйста...?
skajitie, pajalsta...?

Pode me dar…?
Можно...?
mojna...?

Eu gostaria de…
Я хотел (*m*)/хотела (*f*) бы...
ia khatiel/khatiela by...

Há… aqui?
Здесь есть...?
zdies' iest'...?

Onde posso conseguir...?
Где можно найти...?
Gdie mojna naiti...?

Quanto custa?
Сколько это стоит?
skol'ka eta sto-eit?

Que horas são?
Который час?
katori tchas?

Preciso ir agora
Мне пора идти
mnie para iti

Eu me perdi
Я заблудился (*m*)/заблудилась (*f*)
ia zabludilsa/zabludilas'

Perdi meu passaporte/cartões de crédito
Я потерял (*m*)/потеряла (*f*) паспорт/кредитные карточки
ia pattirial/patiriala pasport/kriditnyie kartatchki

Saúde!
Ваше здоровье!
vashe zdarov'ie!

Você aceita cartão de crédito?
Вы принимаете кредитные карточки?
vy prinimaitie kriditnyie kartatchki?

Onde é o toalete?
Где туалет?
gdie tualiet?

Vá embora!
Уходите!
ukhaditie!

Onde fica a embaixada brasileira?
Где находится британское посольство?
gdie nakhoditsa brazil'skaie/passol'stva?

Há instalações para portadores de deficiência?
Здесь есть удобства для инвалидов?
Zdies' iest' udobstva dlia invalidaf

Excelente!
Отлично!
atlithna

Palavras e Frases que Você Vai Ouvir

astarojna!	atenção, cuidado!
ei!	ei, você
da svidania	até logo
izvinitie	com licença
kak dila?	como vai?
kharasho, spassiba, a u vas?	bem, obrigado (a) – e você?
uvidimsia	até logo
pajalsta	não há de quê
pravda?	é mesmo?
pravil'na	isso mesmo
shto, prastit-ie?	desculpe?
spassiba	obrigado (a)
vot, pajalsta	aqui está
ia ni panimaiu	não entendo
ia ni znaiu	eu não sei
zdrastvuitie, otchin' priatna	como vai, prazer em conhecê-lo (a)

Expressões que Você Vai Encontrar

пи тьевАя вода	*pit'ievaia vada*	água potável
вход	*fkhot*	entrada
вход воспрещён	*fkhot vasprichion*	não entre
входите	*fkhaditie*	entre sem bater
вход свободный	*fkhot svabodny*	entrada grátis
выход	*vykhat*	saída
Ж/женский туалет	*jenski tualiet*	(para) mulheres
заказано	*zakazana*	reservado
закрыто	*zakryta*	fechado
занято	*zaniata*	ocupado
запасной выход	*zapassnoi vykhat*	saída emergência
Интурист	*inturist*	Intourist
касса	*kassa*	caixa
к себе	*ksibie*	puxe
лифт	*lift*	elevador
М		metrô; homens
мужской туалет	*mujsskoi tualiet*	(para) homens
осторожно, окрашено	*astarojna, akrashina*	cuidado, tinta fresca
открыто	*atkryta*	aberto
от себя	*atsibia*	empurre
пожарный выход	*pajarnyi vykhat*	saída de incêndio
посторонним вход воспрещён	*pastaronim fkhot vasprishion*	particular/ não entre
рынок	*rynak*	mercado
соблюдайте тишину	*sabliudaitie tishinu*	silêncio
туалеты	*tualiety*	toaletes
часы работы	*tchassy raboty*	horário de funcionamento

DIAS, MESES, ESTAÇÕES

domingo	воскресенье	*vaskrissienie*
segunda-feira	понедельник	*panidiel'nik*
terça-feira	вторник	*ftornik*
quarta-feira	среда	*srieda*
quinta-feira	четверг	*tchitvierk*
sexta-feira	пятница	*piatnitsa*
sábado	суббота	*subota*
janeiro	январь	*invar'*
fevereiro	февраль	*fivral'*
março	март	*mart*
abril	апрель	*apriel'*
maio	май	*mai*
junho	июнь	*i-iun'*
julho	июль	*i-iul'*
agosto	август	*avgust*
setembro	сентябрь	*sintiabr'*
outubro	октябрь	*aktiabr'*
novembro	ноябрь	*naiabr'*
dezembro	декабрь	*dikabr'*
primavera	весна	*visna*
verão	лето	*lieta*
outono	осень	*osin'*
inverno	зима	*zima*
Natal	Рождество	*rajdistvo*
Véspera de Natal	Сочельник	*satchiel'nik*
Ano-Novo	Новый год	*novyi god*
Véspera de Ano-Novo	Новогодняя ночь	*navagodnia notch'*

NÚMEROS

0 ноль *nol'*
1 один/одна/одно *adin/adna/adno*
2 два/две *dva/dvie*
3 три *tri*
4 четыре *tchityrie*
5 пять *piat'*
6 шесть *chiest'*
7 семь *siem'*
8 восемь *vossim'*
9 девять *dievit'*

10 десять *diesit'*
11 одиннадцать *adinatsat'*
12 двенадцать *dvinatsat'*
13 тринадцать *trinatsat'*
14 четырнадцать *tchityrnatsat'*
15 пятнадцать *piatnatsat'*
16 шестнадцать *chistnatsat'*
17 семнадцать *simnatsat'*
18 восемнадцать *vassimnatsat'*
19 девятнадцать *divitnatsat'*
20 двадцать *dvatsat'*
21 двадцать один *dvatsat' adin*
22 двадцать два *dvatsat' dva*
30 тридцать *tritsat'*
31 тридцать один *tritsat' adin*
32 тридцать два *tritsat' dva*
40 сорок *sorak*
50 пятьдесят *pidissiat*
60 шестьдесят *chistissiat*
70 семьдесят *siem'diessiat*
80 восемьдесят *vossim'diessiat*
90 девяносто *divinosta*
100 сто *sto*
110 сто десять *sto diessit'*
200 двести *dviesti*
300 триста *trista*

400 четыреста *tchityrista*
500 пятьсот *pitssot*
600 шестьсот *chissot*
700 семьсот *simssot*
800 восемьсот *vassimssot*
900 девятьсот *divitssot*
1.000 тысяча *tyssitcha*
10.000 десять тысяч *diesit' tyssitch*
20.000 двадцать тысяч *dvatsat' tyssich*
100.000 сто тысяч *sto tyssitch*
1.000.000 миллион *milion*

Números Ordinais

1º первое *piervaie*
2º второе *ftaroie*
3º третье *trietie*
4º четвёртое *tchitviortaie*
5º пятое *piataie*
6º шестое *chistoie*
7º седьмое *sid'moie*
8º восьмое *vassmoie*
9º девятое *diviataie*
10º десятое *dissiatie*
11º одиннадцатое *adinatsataie*
12º двенадцатое *dvinatsataie*
13º тринадцатое *trinatsataie*
14º четырнадцатое *tchityrnatsataie*
15º пятнадцатое *pitnatsataie*
16º шестнадцатое *chissnatsataie*
17º семнадцатое *simnatsataie*
18º восемнадцатое *vassimnatsataie*
19º девятнадцатое *divitnatsataie*
20º двадцатое *dvatsataie*
21º двадцать первое *dvatsat' piervaie*
30º тридцатое *tritsataie*
31º тридцать первое *tritsat' piervaie*

TEMPO

hoje	сегодня	*sievodnia*
ontem	вчера	*ftchira*
amanhã	завтра	*zaftra*
anteontem	позавчера	*pazaftchira*
depois de amanhã	послезавтра	*poslizaftra*
esta semana	на этой неделе	*na etai nidielie*
semana passada	на прошлой неделе	*na proshlai nidielie*
próxima semana	на следующей неделе	*na slieduiuchei nidielie*
esta manhã	сегодня утром	*sivodnia utram*
esta tarde	сегодня днём	*sivodnia dniom*
esta noite	сегодня вечером	*sivodnia viechiram*
ontem à tarde	вчера днём	*ftchira dniom*
ontem à noite *(antes da meia-noite)*	вчера вечером	*ftchira viechiram*
ontem à noite *(depois da meia-noite)*	вчера ночью	*ftchira notchiu*
amanhã de manhã	завтра утром	*zaftra utram*
amanhã à noite	завтра вечером	*zaftra vietchirom*
em três dias	через три дня	*tchieriz tri dnia*
há três dias	три дня назад	*tri dnia nazat*
tarde	поздно	*pozna*
cedo	рано	*rana*
logo	скоро	*skora*
mais tarde	позже	*pozje*
neste momento	сейчас	*sitchas*
segundo	секунда	*sikunda*
minuto	минута	*minuta*
um minuto	одна минута	*adna minuta*
dois minutos	две минуты	*dvie minuty*
quinze minutos	четверть часа	*tchietvirt' tchassa*

meia hora	полчаса	*polchassa*
45 minutos	три четверти часа	*tri tchietvrti tchassa*
hora	час	*tchas*
aquele dia	тот день	*tot dien,*
todos os dias	каждый день	*kajdyi dien'*
todo o dia	весь день	*vies' dien'*
o dia seguinte	следующий день	*sliedu-iuchi dien'*

Como Dizer as Horas

Em russo, "uma da tarde" é час (*tchas*); para duas, três e quatro horas informe o número seguido de часа (*tchasa*). Para as demais horas até doze horas, basta dizer o número e em seguida o termo часов (*tchassov*).

Para informar os minutos que se passaram após uma hora cheia, como uma e vinte, por exemplo, os russos dizem двадцать минут второго (*dvatsat' minut ftarova*), que significa "vinte minutos após a segunda hora".

Quarto de hora (quinze minutos) e meia hora também são informados em referência à hora seguinte. Assim, uma e quinze é четверть второго (*tchietviert' ftarova*) e duas e meia equivale a половина третьего (*palavina trietiva*).

Quando se trata de informar os minutos que faltam para uma hora cheia, os russos dizem без (*biez*), que significa "menos", ou seja, dez para as três equivale a без десяти три (*biez dissiti tri*), que significa "três menos dez".

O sistema de horário de 0 a 24 também é usado, sobretudo em tabelas. Consulte a relação de números na página 15.

manhã	утра	*utra*
tarde	дня	*dnia*
uma hora	час	*tchas*
uma e dez	десять минут второго	*diessiat' minut ftarova*

uma e quinze	четверть второго	*tchietvirt' ftarova*
uma e meia	половина второго	*palavina ftarova*
vinte para as duas	без двадцати два	*biez dvatsati dva*
quinze para as duas	без четверти два	*biez tchietvirti dva*
duas horas	два часа	*dva tchassa*
uma da tarde	тринадцать ноль-ноль	*trinatsat' nol'-nol'*
dezesseis e trinta	шестнадцать тридцать	*chissnatsat' tritsat'*
às cinco e meia	в половине шестого	*fpalavinie shestova*
às sete horas	в семь часов	*fsiem' tchassof*
meio-dia	полдень	*poldin'*
meia-noite	полночь	*polnatch'*

HOTÉIS

Nos últimos anos, com a chegada das redes hoteleiras ocidentais, aumentou bastante a oferta e o padrão das acomodações (na média, com atendimento muito bom). Porém, esses estabelecimentos são caros e por isso os pacotes de viagem em geral incluem tradicionais hotéis "ex-soviéticos" (que pertenciam ao Estado), sobretudo fora das grandes cidades. Esse tipo de hospedagem costuma oferecer um café da manhã farto (embora nem sempre variado), além de almoço e jantar. Os quartos incluem banheiro e telefone. A qualidade do atendimento, da cortesia e da limpeza varia muito, mas em geral é regular. Em cada andar do hotel, uma profissional chamada консьержка (*konsierjka*) se responsabiliza pelas chaves e fornece aos hóspedes uma identificação que deve ser mostrada sempre que quiser retirar as chaves. Essa espécie de "recepcionista" está preparada para ajudar a solucionar quaisquer problemas referentes a acomodação e lavanderia, ou até mesmo para pedir uma xícara de chá.

Ainda em casos de pagamento da hospedagem com cartão de crédito, sempre é aconselhável ter um pouco de dinheiro estrangeiro em espécie, de preferência dólares norte-americanos. Muito provavelmente será preciso fazer câmbio com frequência, uma vez que a maioria das lojas, dos restaurantes e dos bares só aceita rublos.

Durante o dia, é possível fazer um lanche leve nos cafés dos hotéis. Os vegetarianos devem informar os guias ou a equipe do hotel ao fazer o check-in.

Palavras e Frases Úteis

almoço	обед	*abiet*
banheiro	ванная	*vana-ia*
café da manhã	завтрак	*zaftrak*
cama	кровать	*kravat'*

chave	ключ	*kliutch*
chuveiro	душ	*dush*
conta	счёт	*shiot*
dormitório	спальня	*spal'nia*
elevador	лифт	*lift*
gerente	администратор	*administratar*
hotel	гостиница	*gastinitsa*
jantar	ужин	*ujin*
meia pensão	проживание с двухразовым питанием	*prajivanie sdukh-razovym pitaniem*
pensão completa	проживание с трёхразовым питанием	*prajivanie striokh-razovym pitaniem*
quarto *(de hotel)*	номер	*nomir*
quarto com duas camas	двухместный номер	*dvukhmiéstnyi nomir*
quarto duplo	номер с двуспальной кроватью	*nomir sdvu-spal'nai kravatiu*
quarto simples	одноместный номер	*adnamiestny nomir*
recepção	ресепшен	*'ressepchn'*
recepcionista do andar	консьержка	*kansierjka*
restaurante	ресторан	*ristaran*
sacada	балкон	*balkon*
saguão	фойе	*faie*
sala de jantar	столовая	*stalova-ia*
serviço de quarto	комнатное обслуживание	*komnatna-ie apslujiranie*
toalete	туалет	*tualiet*

Você tem um quarto maior/mais iluminado?
У вас есть номер побольше/посветлее?
u vas iest' nomir pabol'shi/pasvitlieie?

Por favor, você poderia me dar a chave do quarto número...?
Дайте, пожалуйста, ключ от номера...?
dait-ie, pajalsta, kliutch at nomira...?

Eu gostaria de um quarto com sacada
Я предпочёл (*m*)/предпочла (*f*) бы номер с балконом
ia pritpatchiol by nomir sbalkonam

Há TV por satélite/a cabo nos quartos?
В номерах есть спутниковое/кабельное телевидение?
vnamirakh iest' sputnikavaie/kabil'naie tilividinie?

A janela do quarto não abre
Окно в моём номере не открывается
akno vmaiom nomire niatkryvaitssa

O chuveiro não funciona
Душ не работает
dush ni rabota-iet

A luz do banheiro não funciona
В ванной нет света
vvanai niet svieta

É possível trocar a lâmpada?
Дайте другую лампочку?
daitie druguiu lampatchku?

Não tem água quente/papel higiênico
Нет горячей воды/туалетной бумаги
niet gariatchei vady/ tualietnai bumagui

Qual o preço por noite?
Сколько стоит номер за ночь?
skol'kat stoit nomir zanatch?

Quando o café da manhã é servido?
Когда завтрак?
kagda zaftrak?

Você levaria minha bagagem para cima?
Будьте добры, принесите мой багаж?
bud'tie dabry, prinissitie moi bagaj?

Por favor, me chame às… horas
Пожалуйста, позвоните мне в... часов/часа
pajalsta, pazvanite mnie v… tchassof/tchassa

Eu poderia tomar o café da manhã no quarto?
Можно завтракать в номере?
mojna zaftrakat' vnomirie?

Estarei de volta às… horas
Я вернусь в...
ia viernus' v...

O número do meu quarto é…
Мой номер...
moi nomir...

Estou saindo amanhã
Я уезжаю завтра
ia uizjaiu zaftra

A que horas devo desocupar o quarto?
Когда надо освободить номер?
kagda nada assvabadit nomir?

Você poderia apresentar minha conta, por favor?
Счёт, пожалуйста?
chiot, pajalsta?

Deve ter havido um engano, eu pedi um quarto duplo
Произошла ошибка, я просил (*m*)/просила (*f*) номер с двуспальной кроватью
praizachla achipka, ia prassil/prassila nomir sdvusspal'nai kravatiu

Vou pagar com cartão de crédito
Я заплачу кредитной карточкой
ia zaplatchu kriditnai kartatchkai

Vou pagar em dinheiro
Я заплачу наличными
ia zaplatchu nalitchnymi

Você poderia chamar um táxi?
Вы можете вызвать мне такси?
vy mojite vyzvat' mnie taksi?

Muito obrigado (a) pela ajuda
Спасибо за вашу помощь
spassiba za vashu pomach'

Frases que Você Vai Ouvir

izvinitie, miest niet
Desculpe, estamos lotados

adna miestnykh namirof bol'che niet
Não há quartos simples vagos

dvukhmiesnykh namirof bol'che niet
Não há quartos duplos vagos

na skol'ka natchei?
Por quantas noites?

Expressões que Você Vai Encontrar

бар	*bar*	bar
ванная	*vana-ya*	banheira
гостиница	*gastinitsa*	hotel
номер с двуспальной кроватью	*nomir sdvus-spal'nai kravatiu'*	quarto duplo
душ	*dush*	chuveiro
завтрак	*zaftrak*	café da manhã
заказ	*zakas*	reserva
запасной выход	*zapassnoi vykhat*	saída de emergência
к себе	*ksibie*	puxe
лифт	*lift*	elevador
двухместный номер	*dvukh-miesnyi nomir*	quarto com duas camas
обед	*abiet*	almoço
одноместный номер	*adna-miesnyi nomir*	quarto simples
от себя	*atssibia*	empurre
первый этаж	*piervy etash*	térreo
пожарный выход	*pajarnyi vykhat*	saída de incêndio
проживание с двухразовым питанием	*prajivanie sdukh-razovym pitaniem*	meia pensão
проживание с трехразовым питанием	*prajivanie striokh-razavym pitaniem*	pensão completa
регистратура	*riguistratura*	recepção
ресторан	*ristaran*	restaurante
счёт	*chiot*	fatura
туалет/W.C.	*tualiet*	toalete
1		térreo *(como aparece no painel do elevador)*

NO CARRO

De acordo com a informação oficial, visitantes que pretendem se deslocar pela Rússia de carro precisam de carteira de motorista internacional, apólice de seguro e documentos do veículo.

Como as condições nas estradas são irregulares e não há grande oferta de oficinas, é essencial levar peças sobressalentes para se precaver de algumas eventualidades. Alguns itens importantes são um cabo ou corda para reboque, óleo de motor, fluido de freio, velas de ignição, limpadores de para-brisas, lâmpadas, fusíveis e anticongelante (se for inverno), além de um triângulo. Também não é possível ter certeza de que os postos de gasolina disponíveis terão o tipo de combustível adequado para o seu carro. Por isso, pode valer a pena levar recipientes para transportar uma reserva, sobretudo para quem pretende percorrer regiões mais afastadas.

Nas principais vias, a sinalização segue o padrão internacional. A polícia de trânsito, chamada de ГАИ *(Ga-i̲)*, pode ajudar caso o motorista se perca ou precise de informações, mas também aplica as multas por desrespeito às leis.

Na Rússia, os motoristas devem dirigir pela direita e fazer as ultrapassagens pela esquerda. Nas principais estradas fora das cidades em geral o limite de velocidade é 90 km/h, mas nos perímetros urbanos não passa de 60 km/h. Tanto o motorista quanto os passageiros devem usar cinto de segurança. Dirigir após o consumo de álcool é considerado crime.

Avisos de Trânsito

автостанция	*aftastantsia*	terminal de ônibus
автостоянка	*aftastaianka*	estacionamento
автострада	*avta-strada*	rodovia
бензоколонка	*binzakalonka*	posto de gasolina
берегись поезда	*biriguis' poizda*	atenção, trem
включить фары	*fkliutchit' fary*	acenda os faróis
внимание!	*vnimanie!*	atenção!
вход воспрещён	*fkhot vassprichion*	entrada proibida
выключить фары	*vykliutchit' fary*	desligue os faróis
въезд запрещен	*viezd zaprichion*	entrada de carro proibida
гололёд	*galaliot*	gelo na pista
держитесь левой стороны	*dirjitis' levai starany*	mantenha-se à esquerda
дорожные работы	*darojnyie raboty*	obras na pista
ж/д переезд	*je-de piriezd*	cruzam. em ferrovias
железно-дорожный переезд	*jiliezna-darojnyi piriezd*	cruzamento em ferrovias
зона	*zona*	área
конец автострады	*kaniets aftastrady*	fim da rodovia
медленно	*miedlina*	devagar
не обгонять	*nie abganiat'*	não ultrapasse
объезд	*abiezt*	desvio
одностороннее движение	*adna-staronnie dvijenie*	mão única
опасно	*apassna*	perigo
опасный перекрёсток	*apassnyi pirikriostak*	cruzamento perigoso
опасный поворот	*apassnyi pavarot*	curva perigosa
осторожно	*astarojna*	atenção
перекрёсток	*pirikriostak*	cruzamento
пешеходы	*pichikhody*	pedestres
подземный переход	*padziemnyi pirikhot*	passagem subterrânea

→

скользко	*skol'ska*	pista escorregadia
скорая помощь	*skoraia pomach'*	ambulância
станция техобслуживания	*stantsia tiekh-apslujivania*	oficina
стоянка запрещена	*staianka zaprichina*	não estacione
центр города	*tsientr gorada*	centro da cidade
школа	*chkola*	escola

Palavras e Frases Úteis

anticongelante	антифриз	*antifriz*
automático	автоматический	*aftamatitchiski*
cadeira *(de criança)*	детское сиденье	*dietskaie sidienie*
câmbio	передача	*piridatcha*
câmbio manual	автомобильный справочник	*aftamabil'nyi spravatchnik*
caminhão	грузовик	*gruzavik*
carro	машина	*mashina*
correia do ventilador	вентиляционный ремень	*vintiliatsionyi rimien'*
cruzamento	перекрёсток	*pirikriostak*
deslizar	заносить	*zanasit'*
dirigir	водить машину	*vadit' machiny*
embreagem	сцепление	*stseplienie*
entroncamento	развилка	*razvilka*
cano de escapamento	выхлопная труба	*vykhlapna-ia truba*
espelho	зеркало	*zierkala*
estepe	запчасти	*zaptchasti*
estrada	дорога	*daroga*
faróis	светофор	*svitafor*
freio	тормоз	*tormas*
gasolina	бензин	*binzin*

habilitação	водительские права	*vaditil'skie prava*
limite de velocidade	ограничение скорости	*agranitchienie skorasti*
luzes dianteiras	фары	*fary*
luzes traseiras	задние фонари	*zadnie fanari*
motocicleta	мотоцикл	*matatsikl*
motor	мотор	*mator*
número da placa	номерной знак	*namirnoi znak*
pane	поломка	*palomka*
para-brisas	лобовое стекло	*labavoie stiklo*
pneu	шина	*shina*
porta-malas	багажник	*bagajnik*
posto de gasolina	бензоколонка	*bienzakalonka*
rebocar	буксировать	*buksirovat'*
roda	колесо	*kaliso*
rodovia	автострада	*afta-strada*
terminal de ônibus	автостанция	*aftastantsia*
trailer	дом-автофургон	*dom-aftafuzgon*
***trailer* (*reboque*)**	прицеп	*pritsep*
van	фургон	*furgon*
velocidade	скорость	*skorast'*
velocímetro	спидометр	*spidomitr*
volante	руль	*rul'*

Preciso de óleo/água
Мне нужно масло/нужна вода
mnie nujna masla/nujna vada

Encha, por favor!
Полный бак, пожалуйста!
polnyi bak, pajalsta!

Dez litros de gasolina, por favor
Мне нужно 10 литров бензина
mnie nujna diessiat' litraf binzina

Pode verificar os pneus, por favor?
Проверьте шины, пожалуйста?
pravier'tie chiny, pajalsta?

Aqui consertam carros?
Здесь можно починить машину?
zdies' mojna patchinit' machinu?

Podem consertar os freios?
Вы можете починить тормоза?
vy mojete patchinit' tarmaza?

Quanto tempo demora?
Сколько времени это займёт?
skol'ka vriemni eta zaimiet?

Onde posso estacionar?
Где можно поставить машину?
gdie mojna pastavit' machinu?

Posso estacionar aqui?
Можно здесь поставить машину?
mojna zdies' pastavit' machinu?

Há algo errado com o motor
Что-то случилось с мотором
chto-ta sluchilas' smachinai

O motor está esquentando muito
Мотор перегревается
mator pirigrivaietsia

Preciso de um pneu novo
Мне нужна новая шина
mnie nujna novaia china

Gostaria de alugar um carro
Я хочу взять напрокат машину
ia khatchu vziat' naprakat machinu

Posso alugar uma cadeira para criança?
Здесь можно взять напрокат детское сиденье в машину?
Zdies' mojna vziat' naprakat dietskaie sidienie vmachinu?

Onde fica a oficina mais próxima?
Где ближайшая автостанция?
gdie blijaichaia afta-stantsia?

Como faço para chegar...?
Как доехать д...?
kak daiekhat' do...?

Esta é a estrada para...?
Это дорога в...?
eta daroga v...?

Expressões que Você Vai encontrar

бензин	*binzin*	gasolina
бензоколонка	*binzakalonka*	posto de gasolina
выход	*vykhot*	saída
ГАИ	*ga-i*	polícia de trânsito
давление в шинах	*davlienie fchinakh*	pressão dos pneus
дизель	*diziel'*	diesel
масло	*masla*	óleo
развилка	*razvilka*	entroncamento de rodovias
ремонт	*rimont*	conserto
автостанция	*afta-stantsia*	terminal de ônibus

INDICAÇÕES QUE PODEM LHE DAR

priama	em frente
slieva	à esquerda
pavirnitie nalieva	vire à esquerda
sprava	à direita
pavirnitie naprava	vire à direita
piervyi pavarot naprava	primeira à direita
ftaroi pavarot nalieva	segunda à esquerda
posslie…	passando a…

FRASES QUE VOCÊ VAI OUVIR

vy khatite safta-matitchiskim ili rutchnym upravlieniem?
Você gostaria de um carro com câmbio automático ou manual?

pakajite vashi prava?
Posso ver sua habilitação?

VIAGENS DE TREM

Para os trajetos de longa distância, em geral as opções são as cabines do tipo мягкий (*miakhki;* que significa "macio"), com duas camas, ou do tipo купе (*kupe*; literalmente "cupê"), com quatro camas. Quem quer gastar menos pode optar pela acomodação em poltronas. Em todas as possibilidades, é proibido fumar – a não ser que todos os passageiros concordem em abrir uma exceção. Sobretudo nas linhas mais longas é preciso tomar cuidado com os ladrões: uma dica é sempre trancar o compartimento de bagagens antes de dormir.

O profissional que atende os viajantes no vagão é o responsável pela limpeza e organização do local, além de arrumar as camas e servir o chá. Em geral, até quando está envolvido em algum afazer aprecia uma boa conversa.

Sempre é aconselhável reservar as passagens para trechos longos com antecedência, de preferência por meio de uma agência de viagens. Já os bilhetes para percursos de curta distância podem ser comprados na hora.

PALAVRAS E FRASES ÚTEIS

achados e perdidos	бюро находок	*biurô nakhodak*
assento	место	*miesta*
assento reservado	забронированное место	*zabraniravanaie miessta*
aviso de emergência	стоп-кран	*stop-kran*
bufê	буфет	*bufiet*
cabine	купе	*kupe*
carrinho de bagagem	тележка для багажа	*tiliejka dlia bagaja*
central de reserva	касса	*kassa*
cobrador	контролёр	*kantralior*
compartimento de bagagem	багажная полка	*bagajnaia polka*

conexão	пересадка	*pirissadka*
controlador de vagão de trem	проводник поездом	*pravadnik poiezdam*
diretor do terminal ferroviário	начальник вокзала	*natchal'nik vakzala*
entrada	вход	*fkhot*
entrar	входить	*fkadit'*
estação (*demais estações, inclusive de metrô*)	станция	*stantsia*
(*terminal*)	вокзал	*vakzal*
ferrovia	железная дорога	*jilieznaia daroga*
furgão de bagagem	багажное отделение	*bagajnaie atdilienie*
guarda-volumes	камера хранения	*kamira khranienia*
janela	окно	*akno*
passagem	билет	*biliet*
passagem de ida	билет в один конец	*biliet vadin kaniets*
passagem de ida e volta	обратный билет	*abratnyi biliet*
plataforma	платформа	*platforma*
quadro de horários	табло	*tablo*
saída	выход	*vykhot*
sair	выходить	*vykhadit'*
sala de espera	зал ожидания	*zal ajidania*
tabela de horário	расписание	*rasspissanie*
trem	поезд	*poiest*
trilhos	пути	*puti*
vagão	вагон	*vagon*
vagão-dormitório	спальный вагон	*spal'ni vagon*
vagão-restaurante	вагон-ресторан	*vagon-ristaran*

A que horas sai o trem para…?
Когда отходит поезд в...?
kagda atkhodit poizd v...?

A que horas chega o trem de…?
Когда приходит поезд из...?
kagda prikhodit poist iz...?

Quando é o próximo trem para…?
Когда следующий поезд в...?
kagda slieduiuchi poizt v...?

Quando parte o primeiro trem para…?
Когда первый поезд в...?
kagda piervy poizt v...?

Quando parte o último trem para…?
Когда последний поезд в...?
kagda pasliedni poirt v...?

Quanto é a passagem para…?
Сколько стоит проезд до...?
skol'ka stoit praiezd da...?

Tenho de fazer baldeação?
Мне нужно делать пересадку?
mnie nujna dielat' pirissatku?

O trem para em…?
Поезд останавливается в...?
poizd asstanavliva-ietsia v...?

Quanto tempo se leva para chegar a…?
Сколько времени нужно ехать до...?
skol'ka vriemini nujna iekhat' da...?

Uma passagem de ida e volta para…, por favor
Билет до... и обратно, пожалуйста
biliet da… i abratna pajalsta

Tenho de pagar taxa adicional?
Я должен *(m)*/должна *(f)* доплатить?
ia doljin/daljna daplatit'?

Crianças têm desconto?
Есть ли скидка для детей?
iest' li skitka dlia ditei?

As crianças pagam passagem?
Мы должны платить за детей?
my doljny platit' zaditei?

Quero reservar um assento
Я хочу заказать место
ia khatchu zakazat' miesta

Este é o trem para…?
Это поезд до...?
eta poizt do...?

Esta é a plataforma certa do trem para…?
С этой платформы отходит поезд до...?
setai platformy atkhodit poist da...?

Qual é a plataforma do trem para…?
С какой платформы отходит поезд до...?
skakoi platformy atkhodit poist da...?

O trem está atrasado?
Поезд опаздывает?
poist apazdyvaiet?

Poderia me ajudar com a bagagem, por favor?
Вы не поможете мне с багажом, пожалуйста?
vy nipamojitie mnie sbagajom, pajalsta?

Este assento está livre?
Это место свободно?
eta miesta svabodna?

Este assento está ocupado
Это место занято
eta miesta zaniata

Tenho reserva deste assento
Я забронировал (*m*)/забронировала (*f*) это место
ia zabraniravol/zabraniravala eta miesta

Posso abrir a janela?
Можно открыть окно?
mojna atkryt' akno?

Posso fechar a janela?
Можно закрыть окно?
mojna zakryt' akno?

A que horas chegamos em…?
Когда мы приезжаем в...?
kagda my priezjaiem v...?

Que estação é esta?
Какая это станция?
kakaia eta stantsia?

Qual estação *ferroviária* é esta?
Какой это вокзал?
kakoi eta vakzal?

Vamos parar em…?
Мы останавливаемся в...?
my asstanavlivaiemsia v...?

Este trem tem vagão-restaurante?
В этом поезде есть вагон-ресторан?
vetam poiezdie iest' vagon-ristaran?

Expressões que Você Vai Encontrar

билетная касса	*bilietnaia kassa*	bilheteria
билеты	*biliety*	passagens
буфет	*bufiet*	lanchonete
вагон	*vagon*	vagão
вокзал	*vakzal*	estação central *(terminal ferroviário)*
воскресные и праздничные дни	*vaskrissienie i prazdnitchnyie dni*	domingos e feriados
вход	*fkhot*	entrada
выход	*vykhot*	saída
газеты	*gaziety*	jornais
доплата	*daplata*	adicional
задержка	*zadierjka*	atraso
зал ожидания	*zal ajidania*	sala de espera
занято	*zaniata*	ocupado
информация	*informatsia*	informação
камера хранения	*kamira khranienia*	guarda-volumes
к поездам	*k paizdam*	aos trens
кроме воскресений	*kromi vasskrissienia*	exceto aos domingos
место для курения	*miesta dlia kurienia*	permitido fumar
не высовываться из окон	*nivyssovyvatsia iz okan*	favor não debruçar na janela
не курить	*nikurit'*	não fume
не останавливается в...	*niastanavlivaietisa v...*	não para em...

нет входа	*niet fkhoda*	entrada proibida
обмен валюты	*abmien valiuty*	câmbio de dinheiro
отправление	*atpravlienie*	partidas
платформа	*platforma*	plataforma
поездка	*paiezdka*	trajeto
предварительный заказ билетов	*pridvaritilnyi zakas bilietaf*	reserva antecipada de passagens
прибытие	*pribytie*	chegadas
пригородный поезд	*prigaradnyi poist*	trens locais
расписание	*raspissanie*	tabela de horário
свободно	*svabodna*	livre
спальный вагон	*spal'nyi vagon*	vagão-dormitório
стоп-кран	*stop-kran*	sinal de emergência
только по будним дням	*tol'ka pabudnim dniam*	apenas durante a semana

Frases que Você Vai Ouvir

vnimanie
Atenção

bilíety, pajalsta
As passagens, por favor

VIAGENS AÉREAS

Muitas companhias aéreas oferecem voos internos, mas as principais são a Aeroflot e a Transaero. Informe-se antes de viajar e, se tiver dúvidas, entre em contato com um agente de viagens para obter mais detalhes sobre os trajetos aéreos internos.

Uma das primeiras medidas antes de comprar uma passagem para a Rússia é providenciar um visto. Certifique-se de que o documento estará pronto a tempo e esclareça eventuais dúvidas sobre o voo. Para garantir sua comodidade, reserve os hotéis nos locais que pretende visitar antes de partir.

Palavras e Frases Úteis

aeronave самолёт *samaliot*
aeroporto аэропорт *airaport*
alfândega таможня *tamojnia*
asa крыло *krylo*
assento место *miesta*
atraso задержка *zadierjka*
balcão de check-in стойка регистрации *stoika riguistratsii*
cartão de embarque посадочный талон *passadatchnyi talon*
check-in регистрация *riguistratsia*
chegada прибытие *pribytie*
cinto de segurança ремень *rimien'*
comissária de bordo стюардесса *stiuardessa*
comissário de bordo бортпроводник *bort-pravadnik*
companhia aérea авиакомпания *avia-kampania*
controle de passaporte паспортный контроль *passpartnyi kantrol'*
decolagem взлёт *vzliot*
janela окно *akno*
jato реактивный самолёт *riaktivnyi samaliot*
número do voo номер рейса *nomir reissa*

partida	отправление	*atpravlienie*
passaporte	паспорт	*paspart*
piloto	пилот	*pilot*
pista	взлётно-посадочная полоса	*vzliotna-passadatchnaia palassa*
portão	выход на посадку	*vykhat na pasatku*
pousar	приземлиться	*prizimlitsia*
retirada de bagagem	выдача багажа	*vydatcha bagaja*
saguão de partida	зал вылета	*zal vylita*
saída de emergência	запасной выход	*zapassnoi vykhat*
saída de incêndio	пожарный выход	*pajarnyi vykhat*
voo	рейс	*reis*
voo de longa distância	рейс дальнего следования	*reis dal'niva sliedavania*

Quando há um voo para...?
Когда рейс в...?
kagda reis v...?

A que horas parte o voo para...?
Когда вылетает самолёт в...?
kagda vylietaiet samaliot v...?

É um voo direto?
Это прямой рейс?
eta primoi reis?

Tenho de fazer conexões?
Я должен *(m)*/должна *(f)* пересесть на другой самолет?
ia doljen/daljna pirissiest' na drugoi samaliot?

Quero uma passagem de ida para...
Дайте, пожалуйста, билет в один конец до...
daitie, pajalsta biliet vadin kaniets do...

Quando tenho de fazer o check-in?
Когда я должен (*m*)/должна (*f*) быть в аэропорту для регистрации?
kagda ia doljen/doaljna byt' vaerapartu dlia riguistratsii?

Quero uma passagem de ida e volta para…
Дайте, пожалуйста, билет в оба конца до...
daitie, pajalsta biliet voba kantsa da...

Um assento na ala de não fumantes, por favor
Я хочу место в отделении для некурящих
ia khachu miesta vatdilienii dlia nikuriaschikh

Um assento na janela, por favor
Я хочу место у окна, пожалуйста
ia khatchu miesta u akna, pajalsta

Qual é o atraso do voo?
На сколько задерживается рейс?
na skol'ka zadierjivaitsia reis?

Qual é o portão do voo para…?
Какой выход на посадку на рейс до...?
kakoi vykhad na passatku na reis da...?

A que horas chegamos em…?
Когда мы прилетаем в...?
kagda my prilitaiem v...?

Posso fumar agora?
Теперь можно курить?
tipier' mojna kurit'?

Eu me sinto mal
Мне плохо
mnie plokha

Expressões que Você Vai Encontrar

Аэрофлот	*aeraflot*	Aeroflot
бортпроводник	*bort-pravadnik*	comissário de bordo
выдача багажа	*vydatcha bagaja*	retirada de bagagem
вынужденная посадка	*vynujdinnaia passatka*	pouso de emergência
высота	*vyssata*	altitude
выход на посадку	*vykhat na passatku*	portão de embarque
задержка	*zadiershka*	atraso
запасной выход	*zapassnoi vykhat*	saída de emergência
информация	*informatsia*	informação
местное время	*miestnaie vriemia*	horário local
не курить	*nikurit'*	não fume
отправление	*atpravlienie*	partidas
паспортный контроль	*paspartnyi kantrol'*	controle de passaporte
пассажиры	*passajiry*	passageiros
пожарный выход	*pajarnyi vykhat*	saída de incêndio
прибытие	*pribytie*	chegadas
пристегните ремни	*pristignitie rimni*	aperte o cinto
прямой рейс	*primoi reis*	voo direto
регистрация	*riguistratsia*	check-in
регулярный рейс	*riguliarnyi reis*	voo de escala
рейс	*reis*	voo
самолёт	*samaliot*	aeronave
скорость	*skorast'*	velocidade
стюардесса	*stiuardessa*	comissária de bordo
таможенный контроль	*tamojenyi kantrol'*	controle de alfândega
транзитная посадка	*tranzitnaia passatka*	embarque de conexão
явиться на регистрацию	*iavitsia na riguistratsiiu*	fazer check-in

Frases que Você Vai Ouvir

abiavliaitsa passatka na reis…
Voo para…, embarque imediato

pajalsta, praidite na passatku kvykhadu nomir…
Por favor, dirija-se agora ao portão número…

MEIOS DE TRANSPORTE

Um percurso de ônibus, bonde ou trólebus não custa caro, mas a opção mais barata é adquirir um carnê com dez bilhetes chamado книжечка (*knijitcka*), vendido pelos motoristas ou nas bancas de jornal. Para validar o bilhete é preciso perfurá-lo nos aparelhos instalados na parte interna do veículo.

As paradas de ônibus são indicadas por placas amarelas com a letra "A", e as de trólebus por uma placa branca com um "T". Trólebus, bondes, ônibus e metrô circulam entre 6 da manhã e meia-noite. Visitantes que pretendem permanecer em Moscou ou São Petersburgo por mais de três semanas podem comprar um bilhete mensal – единый (*idinyi*) –, aceito em todos os transportes públicos, inclusive o metrô. Porém, o *idinyi* só é válido dentro de um mesmo mês (quem fica na cidade entre meados de janeiro e meados de fevereiro, por exemplo, precisa comprar dois bilhetes).

Os bilhetes de metrô são vendidos nas bilheterias das estações. Em comparação com outros metrôs da Europa, a tarifa é relativamente barata. Para sair da estação, procure as indicações para выход в город (*vykhot vgorat*), que significam "saída para a cidade".

Ao usar o metrô, prefira anotar o nome do destino para facilitar a identificação no alfabeto cirílico. Para mudar de linha, procure indicação para переход на поезда до станций (*pirikhot na paizda da stantsi*), que significa "mudança para os trens das estações...".

Uma luz verde no para-brisa indica que os táxis estão livres. Se preferir chamar um táxi, peça que algum profissional do hotel faça o contato, pois raros motoristas falam inglês. Em Moscou e São Petersburgo, os táxis oficiais são amarelos e têm taxímetro (mas às vezes o motorista negocia o preço da corrida de antemão). É comum que táxis não oficiais tentem parar turistas nas ruas, mas a medida não é recomendável.

Algumas das expressões a seguir referem-se a passeio de barco.

Palavras e Frases Úteis

adulto	взрослый	*vzrosly*
assento	место	*miesta*
barco	теплоход	*tieplakhot*
bilhete	билет	*biliet*
bonde	трамвай	*tramvai*
cais	пристань	*pristan'*
cobrador	кондуктор	*kanduktar*
conexão	пересадка	*pirissatka*
criança	ребёнок	*ribionak*
cruzeiro	круиз	*kruiz*
estação	станция	*stantsi-ia*
ferryboat	паром	*parom*
lago	озеро	*oziera*
mapa da malha viária	схема	*skhiema*
mar	море	*mor-ie*
metrô	метро	*mietro*
metrô (*passag. subter.*)	подземный переход	*padziemnyi pirikhot*
motorista	водитель	*vaditil'*
ônibus (*urbano*)	автобус	*aftobus*
ônibus número 5	пятый автобус	*piaty aftobus*
ônibus de viagem	автобус	*aftobus*
passageiro	пассажир	*passajir*
ponto de ônibus	остановка автобуса	*astanofka aftobusa*
rio	река	*rika*
tarifa	стоимость проезда	*stoimast' praiezda*
táxi	такси	*taksi*
terminal	конечный пункт	*kanietchnyi punkt*

Onde fica a estação de metrô mais próxima?
Где ближайшая станция метро?
gdie blijaichaia stantsia mitro?

Onde fica a rodoviária?
Где автоъусныи вокэал?
gdie aftobussnyi vakzal?

Onde há um ponto de ônibus?
Где остановка автобуса?
gdie astanofka aftobussa?

Quais ônibus vão para...?
Какие автобусы идут до...?
kakie aftobussy iedut da...?

De quanto em quanto tempo saem ônibus para...?
Как часто ходят автобусы в...?
kak tchasta khodiat aftobussy v...?

Pode me avisar quando chegarmos em...?
Скажите, пожалуйста, когда мы приедем в...?
skajitie, pajalsta, kagda my pri-iedim v...?

Tenho de descer agora?
Мне пора выходить?
mnie para vykhdit'?

Como você chega a...?
Как добраться до...?
kak dabrat'sa da...?

É muito longe?
Это далеко?
eta daliko?

Quero ir para…
Я хочу поехать в...
ia khatchu pa-iekhat' v...

Você vai passar perto de…?
Вы едете в сторону...?
vy ieditie fstoranu...?

Onde posso comprar uma passagem?
Где можно купить билет?
gdie mojna kupit' biliet?

Poderia fechar/abrir a janela?
Закройте/откройте окно, пожалуйста?
zakroite / atkroite akno, pajalsta?

Pode me ajudar a comprar uma passagem?
Вы не поможете мне купить билет?
vy nipamojite mnie kupit' biliet

Quando parte o último ônibus?
Когда отходит последний автобус?
kagda atkhodit pasliedni aftobus

Frases que Você Vai Ouvir

biliety pajalsta
As passagens, por favor

astarojna, dvieri zakzyva-iutsia!
Atenção para o fechamento das portas!

sliedu-iuchia-ia stantsia…
A próxima estação é…

Expressões que Você Vai Encontrar

билет	*biliet*	passagem
взрослые	*vzrosslyie*	adultos
вход	*fkhot*	entrada
дети	*dieti*	crianças
запасной выход	*zapassnoi vykhat*	saída de emergência
конечный пункт	*kanietchnyi punkt*	terminal
контролёр	*kantralior*	cobrador
маршрут	*marshrut*	itinerário
места	*miesta*	assentos
мест нет	*miest niet*	cheio
не курить	*nie kurit'*	não fume
нет входа	*niet vkhoda*	não entre
остановка	*astanofka*	pare
отправление	*atpravlienie*	partidas
пожарный выход	*pajarnyi vykhat*	saída de incêndio
разговаривать с водителем запрещается	*razgavarivat' svaditiliem zaprichia-ietsia*	não fale com o motorista
стоянка такси	*staianka taksi*	ponto de táxi

NEGÓCIOS

Além das informações habituais, o cartão de visitas dos executivos que viajam para a Rússia deve indicar a forma de contato fora do país. Em geral, é uma boa ideia contar com materiais informativos sobre sua empresa tanto em inglês quanto em russo. A estrutura de telefonia melhorou muito nos últimos anos, mas o serviço postal permanece lento (prefira utilizar fax, e-mail ou serviços de *courier*).

Caso sua equipe não conte com nenhum integrante que fale russo, é importante pedir a presença de um tradutor em todas as reuniões.

Pode ser interessante levar alguns presentes para ocasiões especiais. Mais ainda do que nos países do Ocidente, a principal pessoa a impressionar deve ser o superior hierárquico. Junto com sua equipe, esses profissionais esperam deferência e, sempre que possível, interlocução com colegas do mesmo nível.

Ao lidar com colegas russos, as ferramentas mais úteis costumam ser a experiência e o bom senso. Insistir em pagar alguma despesa acordada como deles pode ser ofensivo, assim como julgar que o fato de ser ocidental lhe garante posição privilegiada nas negociações pode ser um equívoco. Se for o caso, demonstre interesse em firmar uma parceria duradoura.

Palavras e Frases Úteis

acordo	принимать	*prinimat'*
anunciar	рекламировать	*riklamiravat'*
anúncio	реклама	*riklama*
barato	дешёвый	*dishovyi*
brochura	брошюра	*brashura*
caro	дорогой	*daragoi*
carta	письмо	*pis'mo*
carta de crédito	аккредитив	*akriditif*

cartão de visita	карточка (визитная)	*kartatchka (vizitnaia)*
cliente	клиент	*kli-ient*
cliente *(comprador)*	покупатель	*pakupatil'*
computador	компьютер	*kampiuter*
conselho *(de diretores)*	правление	*pravlienie*
consumidor	потребитель	*patribitil'*
contador	бухгалтер	*bugaltier*
contrato	договор	*dagavor*
custo	стоимость	*sto-imast'*
departamento de contabilidade	бухгалтерия	*bugaltieria*
departamento de vendas	отдел продаж	*atdiel prodaj*
desconto	скидка	*skitka*
despacho aéreo	воздушная доставка	*vazduchnaia dastafka*
diretor	директор	*diriektar*
diretor de vendas	директор по продажам	*diriektar pa pradajam*
documentos	документы	*dakumienty*
e-mail	е-мэйл	*i-meil*
embarque	доставка морем	*dastafka morim*
empresa	компания	*kampania*
endereço de e-mail	адрес электронной почты	*adris iliktronai potchty*
engenheiro	инженер	*injinier*
executor	исполнитель	*ispalnitil'*
exportações	экспорт	*ekspart*
fatura	накладная	*nakladna-ia*
faturar	выставить счёт	*vystavit' chiot*
fax	факс	*faks*
fazer pedido	заказывать	*zakazyvat'*
gerente	управляющий	*upravlia-iushi*
importações	импорт	*impart*

importar	импортировать	*impartirovat'*
imposto	налог	*nalok*
lucro	прибыль	*pribyl'*
margem	маржа	*mar-ja*
marketing	маркетинг	*markieting*
mercado	рынок	*rynak*
negociações	переговоры	*pirigavory*
oferta	заявка	*za-iafka*
orçamento	тендер	*tender*
ordem de compra	закупочный заказ	*zakupatchnyi zakas*
parcela	очередной взнос	*atchiridnoi vznos*
parcela inicial	аванс	*avans*
pedido	заказ	*zakas*
pessoal	персонал	*pirssanal*
preço	цена	*tsina*
prejuízo	потери	*patieri*
presidente	председатель	*pridsidatil'*
produção	изготовление	*izgatavlienie*
	производство	*pra-izvotstva*
produto	продукция	*praduktsia*
promoção ***(publicidade)***	продвижение с помощью рекламы	*pradvijenie spomachiu riklamy*
resultados	статистика продаж	*statistika pradaj*
reunião	встреча	*fstrietcha*
secretária	секретарь	*sikritar'*
total	итог	*itok*

Meu nome é…
Меня зовут...
minia zavut...

Aqui está o meu cartão
Вот моя карточка
vot maia kartatchka

Prazer em conhecê-lo (a)
Рад *(m)*/рада *(f)* познакомиться
rad/rada paznakomit'sa

Posso apresentá-lo a…?
Позвольте представить...?
pazvol't-ie pridstavit'...?

Minha empresa é…
Моя компания...
maia kampania...

Nosso produto vende muito bem no mercado brasileiro
Наша продукция очень хорошо продаётся на браэильском рынке
nacha praduktsia otchin' kharacho pradaiotsia na brazil'skom rynkie

Estamos procurando parceiros na Rússia
Мы ищем партнёров в России
my ichiem partnioraf vrasii

Em nossa última reunião…
На нашей последней встрече...
na nachei pasliednei vstrietchie...

10%/25%/50%
десять/двадцать пять/пятьдесят процентов
diesit'/dvatsat' piat'/pidisiat pratsentaf

Mais do que...
Больше чем...
bol'she tchiem...

Menos do que...
Меньше чем...
mien'she tchiem...

Faremos dentro do prazo
Мы сделаем в срок
my sdielaim fsrok

Estamos ligeiramente fora do prazo
Мы немного отстаём от сроков
my nimnoga atstaiom atsrokaf

Por favor, aceite nossas desculpas
Пожалуйста, примите наши извинения
pajalsta, primitie nashi izvinienia

Há bons subsídios governamentais disponíveis
Имеются хорошие правительственные дотации
imie-iutsia kharoshie pravitel'stvenyie datatsii

Negócio fechado
Договорились
dagavarilis'

Tenho de verificar isso com a gerência
Я должен *(m)*/я должна *(f)* обсудить это с менеджером
ia doljen/daljna apsudit'eta smenedjiram

Volto a falar com vocês sobre isso
Мы вернемся к этому вопросу позже
my virniomsia ketamu vaprossu pozje

Nossa cotação será enviada a vocês em breve
Наши расценки вы получите в ближайшее время
nachi rastsenki vy palutchitie vblijaichie-ie vriemia

Enviaremos por despacho aéreo
Мы отправим ихсамолетом
mi atpravim ikh samaliotom

É um prazer negociar com vocês
Приятно иметь дело с вами
pri-iatna imiet' diela svami

Esperamos um relacionamento de negócios de benefício mútuo
Мы надеемся на взаимовыгодное деловое сотрудничество
my nadieimsia na vzaimo-vygadnaie dilavoie satrudnitchistva

REFEIÇÕES

Para encontrar um atendimento de primeira e comida de alta qualidade, os melhores locais são os hotéis administrados por redes internacionais e os restaurantes das grandes cidades. A conta, porém, costuma sair caro, e os pratos tendem a seguir mais a culinária ocidental do que a tradição russa.

Hoje é grande a oferta de restaurantes e cafés de boa qualidade (às vezes, até excelentes), tanto na comida quanto no atendimento. Os preços variam bastante e o cliente sempre deve pagar em rublos. Algum tipo de apresentação ao vivo, de música clássica a cabaré, pode fazer parte da experiência. A melhor maneira de se manter informado sobre novos estabelecimentos é por meio dos jornais gratuitos *Moscow Tribune* ou *Moscow Times*, por exemplo, em geral distribuídos nos saguões dos hotéis (ambos são escritos em inglês).

Ainda existem alguns restaurantes que pertencem ao Estado, nos quais os padrões gerais de atendimento e de qualidade da comida caíram nos últimos anos. A grande atração, porém, fica por conta dos preços moderados: ainda é possível fazer uma refeição com caviar e champanhe sem estourar a conta bancária. Mas é difícil conseguir uma reserva, a não ser que o restaurante funcione dentro do seu hotel (os hóspedes têm prioridade para jantar no estabelecimento, se quiserem).

Para evitar problemas, o melhor a fazer é reservar uma mesa pelo menos um dia antes, até mesmo para os restaurantes administrados por redes ocidentais. Se quiser jantar em um estabelecimento estatal, a antecedência deve ser bem maior. Vale lembrar que nos fins de semana a animação é maior.

São Petersburgo tem motivos para se orgulhar da superioridade culinária em relação a Moscou. Há mais opções de escolha e a reputação dos restaurantes oscila. Uma dica é consultar alguém que mora na cidade sobre as recomendações do momento.

Além do caviar, da vodca (vendida em gramas nos restaurantes) e do champanhe, vale a pena experimentar o пельмени *(pil'mieni)*, блины *(bliny)*, щи *(chi)*, борщ *(borch')* e os peixes frescos. Os melhores vinhos são os produzidos na Geórgia e na Crimeia, enquanto o conhaque mais disputado é de origem armênia.

Sempre é possível comer pagando pouco em estabelecimentos mais simples, embora a comida servida nesses casos costume ser básica. A regra (que também vale para as lojas) é optar pelo que houver disponível. Em geral, custa menos comer em um café – кафе *(kafe)* – do que em um restaurante. Os столовая *(stalova-ia)* são similares a cantinas.

Lanches e aperitivos podem ser encontrados no закусочная *(zakussatchnaia)*. O пельменная *(pil'mienaia)* serve bolinhos de carne e nos шашлычная *(chachlytchna-ia)* a especialidade são os espetos de carne.

Os пивной бар (*pivnoi bar*, literalmente "bares de cerveja") são a versão russa dos pubs ingleses. Servem boa variedade de cerveja, bebidas alcoólicas e refrigerantes, além de pratos russos mais tradicionais. Pode-se encontrar pubs ao estilo inglês ou irlandês (os mais famosos são John Bull e Rosie O'Grady's). Nos bares dos hotéis é grande a variedade de cigarros e bebidas alcoólicas.

Palavras e Frases Úteis

açúcar	сахар	*sakhar*
água	вода	*vada*
água mineral	минеральная вода	*miniral'naia vada*
bolo	пирог	*pirok*
café	кофе	*kof-ie*
cardápio	меню	*miniu*
caviar	икра	*ikra*
cerveja	пиво	*piva*
chá	чай	*tchai*
champanhe	шампанское	*shampanska-ie*
chef	повар	*povar*
colher	ложка	*loshka*

colher de chá	чайная ложка	*tchaina-ia loshka*
conta	счёт	*chiot*
copo	стакан	*stakan*
faca	нож	*nosh*
garçom	официант	*afitsiant*
garçonete	официантка	*afitiantka*
garfo	вилка	*vilka*
garrafa	бутылка	*butylka*
gorjeta	чаевые	*tcha-ievye*
guardanapo	салфетка	*salfietka*
leite	молоко	*malako*
mesa	стол	*stol*
prato	тарелка	*tarielka*
receita	чек	*tchiek*
sanduíche	бутерброд	*buterbrot*
sopa	суп	*sup*
tigela	пиала	*piala*
vinho	вино	*vino*
xícara	чашка	*tchachka*

Mesa para dois, por favor
Стол на двоих, пожалуйста
stol na dva-ikh, pajalsta

Mas eu reservei uma mesa
Но я заказал *(m)*/заказала *(f)* стол
no ia zakazal/zakazala stol

Mas essas mesas estão desocupadas
Но эти столы свободны
no eti staly svabodny

Posso ver o menu?
Можно посмотреть меню?
mojna pasmatriet' miniu?

Gostaria de reservar uma mesa para amanhã à noite
Я хочу заказать стол на завтрашний вечер
ia khatchu zakazat' stol na zaftrachni vietchir

Qual a sua recomendação?
Что вы посоветуете?
shto vy passavietu-iet-ie?

Vocês fazem porções para crianças?
Вы делаете детские порции?
vy delai-ite dietskie portsi-i?

Você poderia esquentar essa mamadeira/comida de criança?
Вы не могли бы подогреть эту бутылку/питание для малыша?
vy ni magli-by padagriet' etu butylku/pitanie dlia malysha?

Vocês têm cadeirões/fraldário?
Здесь есть высокий стул/комната матери и ребенка?
zdies' iest' vyssoki stul/komnata matieri i ribionka?

Vocês têm cardápio vegetariano?
У вас есть меню для вегетарианцев?
u vas iest' mieniu dlia viguitariantsef?

Eu gostaria de...
Я хочу...
ia khatchu...

100/200 gramas de vodca, por favor
сто/двести граммов водки, пожалуйста
sto/dviesti gramaf votki, pajalsta

Só uma xícara de café, por favor
Просто чашку кофе, пожалуйста
prosta tchachku kofe, pajalsta

Garçom!
Официант!
afitsiant!

Pode nos trazer a conta, por favor?
Счёт, пожалуйста?
chiot, pajalsta?

Quero apenas um petisco
Я хочу только закуску
ia khatchu tol'ka zakusku

Eu não pedi isso
Я не заказывал *(m)*/заказывала *(f)* это
ia ni zakazyval/zakazyvala eta

Pode nos trazer mais um pouco de...?
Можно ещё...?
mojno ishio...?

A refeição estava ótima, muito obrigado (a)
Спасибо, было очень вкусно
spassiba, byla otchin' fkusna

Frases que Você Vai Ouvir

priatnava apitita
Bom apetite

MANUAL DO MENU

Entradas

блины с икрой *(bliny sikroi)*	panquecas com caviar
блины со сметаной *(bliny sa smitanai)*	panquecas com creme de leite
грибы в сметане *(griby fsmitanie)*	cogumelos ao creme de leite
грибы маринованые *(griby marinovanyie)*	cogumelos marinados
закуски *(zakusski)*	entradas
заливная рыба *(zalivnaia ryba)*	aspic de peixe
икра *(ikra)*	caviar
икра баклажанная *(ikra baklajanaia)*	berinjelas com cebolas e tomates
икра зернистая *(ikra zirnistaia)*	caviar fresco
икра кетовая *(ikra kitovaia)*	caviar vermelho
кильки *(kil'ki)*	arenque
лососина *(lasasina)*	salmão
осетрина заливная *(assitrina zalivnaia)*	aspic de esturjão
осетрина с гарниром *(assitrina sgarniram)*	esturjão com guarnições
сардины в масле *(sardiny vmaslie)*	sardinhas no azeite
сёмга *(siomga)*	salmão
солёные огурцы *(salionyie agurtsy)*	conserva de pepino
солёные помидоры *(salionyie pamidory)*	conserva de tomates
фаршированные помидоры *(farchirovanyie pamidory)*	tomates recheados

Sopas

борщ *(borch')*	sopa de carne suína ou bovina, beterraba e repolho
бульон с пирожками *(bulion spirajkami)*	sopa com pedaços de carne
бульон с фрикадельками *(bulion sfrikadel'kami)*	sopa com almôndegas
мясной бульон *(miassnoi bulion)*	sopa de carne
овощной суп *(avachnoi sup)*	sopa de legumes
окрошка *(akroshka)*	sopa fria
рассольник *(rassol'nik)*	sopa de pepino

солянка *(salianka)*	sopa temperada, feita com peixe ou carne e verduras
суп из свежих грибов *(sup iz sviéjikh gribof)*	sopa de cogumelos frescos
суп картофельный *(sup kartofel'nyi)*	sopa de batata
суп-лапша с курицей *(sup lapcha skuritsei)*	canja
суп мясной *(sup missnoi)*	sopa de carne
суп томатный *(sup tamatnyi)*	sopa de tomate
уха *(ukha)*	sopa de peixe
харчо *(khartcho)*	espessa sopa de carneiro, típica da Geórgia
щи *(chi)*	sopa de repolho

Ovos

омлет натуральный *(amliet natyral'nyi)*	omelete simples
омлет с ветчиной *(amliet svitchinoi)*	omelete de presunto
яичница-глазунья *(iaichnitsa glazunia)*	ovos fritos
яйца вкрутую *(iaitsa fkrutuiu)*	ovos duros
яйца всмятку *(iaitsa fsmiatku)*	ovos cozidos (moles)
яйцо *(iaitso)*	ovo
яйцо под майонезом *(iaitso pad maianezam)*	ovo com maionese

Peixes

ассорти рыбное *(assarti rybnaie)*	peixes variados
жареная рыба *(jarinaia ryba)*	peixe frito
камбала *(kambala)*	linguado
карп с грибами *(karp sgribami)*	carpa com cogumelos
кета *(keta)*	salmão siberiano
копчёная сёмга *(kaptchonaia ryba)*	salmão defumado
осетрина под белым соусом *(assitrina pod bielym soussam)*	esturjão ao molho branco
осетрина с гарниром *(assitrina sgarniram)*	esturjão com guarnições
осетрина с пикантным соусом *(assitrina spikantnym soussam)*	esturjão ao molho picante
осётр, запечённый в сметане *(assiotr zapitchonyi fsmitanie)*	esturjão assado ao creme de leite
палтус *(paltus)*	linguado-gigante
печень трески в масле *(pietchin' triski vmasslie)*	fígado de bacalhau ao óleo

рыбные блюда *(rybnyie bliuda)*	pratos com peixes
сельдь *(sield')*	sardinha
селёдка малосольная *(siliotka malassol'naia)*	sardinhas ao sal
скумбрия запечённая *(skumbria zapitchionaia)*	cavalinha assada
судак в белом вине *(sudak vbielam vinie)*	perca ao vinho branco
судак, жаренный в тесте *(sudak ftiestie)*	perca frito
судак по-русски *(sudak paruski)*	perca à moda russa
треска *(trisska)*	bacalhau
тунец *(tuniets)*	atum
фаршированная рыба *(farchirovannaia ryba)*	peixe recheado
форель *(fariel')*	truta
шпроты *(shproty)*	arenque
щука *(chiuka)*	lúcio

Carnes

азу *(azu)*	picadinho de carne ao molho
ассорти мясное *(assarti myasnoie)*	carnes variadas
тефтели *(tiftieli)*	almôndegas
голубцы *(galuptsy)*	charutos de repolho recheados com carne e arroz
дичь *(ditch)*	carne de caça
колбаса *(kalbassa)*	embutidos de carne, por exemplo, mortadela
копчёная колбаса *(kaptchionoia kalbassa)*	embutidos defumados
мясо *(miassa)*	carne
печёнка *(pitchionka)*	fígado
почки *(pochki)*	rins
рубленое мясо *(rublinaie miassa)*	carne moída
рубленые котлеты *(rublienyie katliety)*	rissoles
сосиски *(sassiski)*	salsichas
студень *(studin')*	aspic
тефтели с рисом *(tiftieli srissam)*	almôndegas com arroz
филе *(filie)*	bife
шашлык *(chachlyk)*	churrasco

Carne Bovina

антрекот *(antrikot)*	contrafilé
беф-строганов *(bif-stroganaf)*	estrogonofe
бифштекс натуральный *(bifchteks natural'nyi)*	bife frito ou grelhado
говядина отварная с хреном *(gaviadina atvarnaia skhrienam)*	carne cozida com raiz-forte
говядина тушёная *(gaviadina tuchonaia)*	ensopado
гуляш из говядины *(guliach iz gaviadiny)*	ensopado de carne de vaca
котлеты с грибами *(katliety zgribami)*	almôndegas com cogumelos
рагу из говядины *(ragu iz gaviadiny)*	guisado
ромштекс с луком *(ramchteks slukam)*	bife acebolado
ростбиф с гарниром *(rostbif zgarniram)*	rosbife com guarnição

Carneiro

баранина *(baranina)*	carneiro
бараньи отбивные *(baranie atbivnye)*	filé de carneiro
баранина на вертеле *(baranina na viertilie)*	carne de carneiro no espeto
битки из баранины *(bitki iz baraniny)*	bifes de carne de carneiro
рагу из баранины *(ragu iz baraniny)*	guisado de carneiro
шашлык из баранины *(chachlyk iz baraniny)*	churrasco de carneiro

Carne Suína

буженина с гарниром *(bujinina zgarniram)*	carne suína fria com guarnições
ветчина *(vitchina)*	presunto
картофель с ветчиной и шпиком *(kartofil' svitchinoi i chpikam)*	batatas com presunto e bacon
копчёные свиные рёбрышки с фасолью *(kaptchionye svinyie riobrychki sfassoliu)*	costelas suínas defumadas com feijões
окорок *(okarak)*	bacon
свинина жареная с гарниром *(svinina jarinaia zgarniram)*	carne suína frita com guarnições
свинина с квашеной капустой *(svinina skvachinai kapusstai)*	carne suína com chucrute
свиные отбивные с чесноком *(svinyie atbivnyie schissnakom)*	bife de porco com alho
шашлык из свинины с рисом *(chachlyk iz svininy srissam)*	churrasco de carne suína com arroz

VITELA

битки *(bitki)*	bife
рулет из рубленой телятины *(ruliet iz rublinai tiliatiny)*	rocambole de carne moída
телятина *(tiliatina)*	bife
телячьи отбивные *(tiliatchi atbivnyie)*	costeleta de vitela
фрикадели из телятины в соусе *(frikadel'ki iz tiliatiny fsousse)*	almôndegas com molho
шницель с яичницей-глазуньей *(chnitsel' ia-itchnitsei-glazun'ei)*	schnitzel com ovo frito

AVES

блюда из птицы *(bliuda iz ptitsy)*	pratos com ave
гусь жареный с капустой или яблоками *(gus' jarinyi skapusstai ili iablakami)*	ganso assado com repolho ou maçãs
индейка *(indeika)*	peru
котлеты по-киевски *(katliety pa-kivski)*	almôndega de frango à moda de Kiev
пожарские котлеты *(pajarskie katliety)*	almôndegas de frango
курица *(kuritsa)*	frango
отварной цыплёнок *(atvarnoi tsiplionak)*	frango ensopado
панированный цыпленок *(panirovanyi tsiplionak)*	frango à milanesa
птица *(ptitsa)*	aves
утка *(utka)*	pato
цыплёнок в тесте *(tsiplionak ftiestie)*	frango com massa
цыплёнок по-охотничьи *(tsiplionak pa-akhotnichi)*	frango à caçadora
цыплёнок «табака» *(tsiplionak tabaka)*	frango caucasiano ao molho de alho
цыплёнок фрикасе *(tsiplionak frikasse)*	fricassê de frango
чахохбили *(tcha-khokh-bili)*	frango à moda da Geórgia

Tortas e Massas

изделия из теста *(izdielia iz tiesta)*	massas
пельмени *(piel'mieni)*	bolinhos de carne
пирожок *(pirajok)*	pastel assado
пирожки *(pirajki)*	pastéis assados
пирожки с капустой *(pirajki skapusstai)*	pastel recheado com repolho
пирожки с мясом *(pirajki smiassam)*	pastel recheado com carne
пирожки с творогом *(pirajki stvoragam)*	pastel recheado com ricota
тесто *(tiesta)*	massa

Verduras e Legumes

баклажан *(baklajan)*	berinjela
жареный картофель *(jarienyi kartofil')*	batata frita
зелёный горошек *(zilionyi garochik)*	ervilha
кабачки *(kabachki)*	abobrinha
капуста *(kapusta)*	repolho
картофель *(kartofil')*	batata
кислая капуста *(kisslaia kapussta)*	chucrute
лук *(luk)*	cebola, cebolinha
морковь *(markof')*	cenoura
овощи *(ovachi)*	legumes
огурец *(aguriets)*	pepino
перец *(pierits)*	pimentão
петрушка *(pitruchka)*	salsa
помидоры *(pamidory)*	tomates
с гарниром *(zgarniram)*	com guarnição
свёкла *(sviokla)*	beterraba
фасоль *(fasol')*	vagem, feijão
цветная капуста *(tsvietnaia kapusta)*	couve-flor
чеснок *(tchissnok)*	alho

Saladas

винегрет *(vinigriet)*	salada de legumes
зелёный салат *(zilionyi salat)*	salada de folhas
огурцы со сметаной *(agurtsy sa smitanai)*	pepino ao creme de leite
салат «Оливье» *(salat 'aliv'ie')*	salada de maionese, com legumes e carne
салат из лука *(salat iz luka)*	salada de cebolinha

салат из огурцов *(salat iz agurtsof)*	salada de pepino
салат из помидоров *(salat iz pamidoraf)*	salada de tomate
салат из помидоров с брынзой *(salat iz pamidoraf zbrynzai)*	salada de tomate com queijo feta
салат из редиски *(salat iz ridisski)*	salada de rabanete
салат мясной *(salat missnoi)*	salada de carne
салат с крабами *(salat skrabami)*	salada de caranguejo

Massas e Arroz

вермишель *(virmichiel')*	*vermicelli*
лапша *(lapsha)*	macarrão
макароны *(makarony)*	macarrão
плов *(plof)*	pilau (prato oriental)
рис *(ris)*	arroz

Pães

баранки *(baranki)*	rosca
белый хлеб *(bielyi khliep)*	pão branco
бородинский хлеб *(baradinski khliep)*	pão de centeio
булки *(bulki)*	pãozinho
бутерброд с сыром *(buterbrot ssyram)*	sanduíche de queijo
ржаной хлеб *(rjanoi khliep)*	pão de centeio
хлеб *(khliep)*	pão
чёрный хлеб *(tchornyi khliep)*	pão preto

Bolos e Sobremesas

блинчики с вареньем *(blintchiki svarieniem)*	panqueca com geleia
блины *(bliny)*	panqueca
блины со сметаной *(bliny sa smitanai)*	panqueca com creme de leite
вареники *(varieniki)*	bolinhos de fruta ou ricota
ватрушка *(vatruchka)*	torta com ricota
галушки *(galuchki)*	bolinhos
десерт *(disiert)*	sobremesa
желе *(jilie)*	geleia
кекс *(kieks)*	bolo de frutas
кисель *(kissiel')*	bebida à base de amido e frutas
кисель из клубники *(kissiel' iz klubniki)*	bebida à base de amido e morango

кисель из чёрной смордины *(kisiel' iz tchornai smarodiny)*	bebida à base de amido e amora-preta
компот из груш *(kampot iz grush)*	bebida com peras
компот из сухофруктов *(kampot iz sukha-fruktaf)*	frutas secas em bebida com frutas secas
конфета *(kanfieta)*	doce, bala, bombom
коржик *(korjik)*	biscoito amanteigado
крем *(kriem)*	bolo recheado
молочный кисель *(malotchnyi kissiel')*	bebida à base de amido e leite
мороженое клубничное *(marojinaie klubnitchnaie)*	sorvete de morango
мороженое молочное *(marojinaie malotchnaie)*	sorvete de creme
мороженое молочное с ванилином *(marojinaie malotchnaie svanilinam)*	sorvete de baunilha
мороженое «пломбир» *(marojinaie plambir)*	sorvete tipo "Plombir"
мороженое шоколадное *(marojinaie chikaladnaie)*	sorvete de chocolate
печенье *(pitchienie)*	biscoitos
пирожок с повидлом *(pirajok spavidlam)*	torta com geleia
пирог с яблоками *(pirok siablakami)*	torta de maçã
пирожное *(pirojnaie)*	doce
повидло *(pavidla)*	geleia
пончики *(pontchiki)*	roscas
салат из яблок *(salat iz iablak)*	salada de maçã
сдобное тесто *(zdobnaie tiessta)*	massa doce
сладкое *(sladka-i)*	sobremesa
сырники *(syrniki)*	bolinhas de ricota
торт *(tort)*	bolo
фруктовое мороженое *(fruktovaie marojinaie)*	sorvete de fruta
шоколад *(chikalat)*	chocolate
эскимо *(eskimo)*	sorvete de palito com cobertura de chocolate

Queijos

брынза *(brynza)*	feta
плавленый сыр *(plavlienyi syr)*	queijo curado
сыр *(syr)*	queijo
творог *(tvorak)*	ricota

Frutas Frescas e Secas

абрикосы *(abrikossy)*	damasco
апельсины *(apil'ssiny)*	laranja
арбуз *(arbus)*	melancia
банан *(banan)*	banana
виноград *(vinagrat)*	uvas
грецкий орех *(grietski ariekh)*	nozes
груши *(gruchi)*	pera
дыня *(dynia)*	melão
клубника *(klubnika)*	morango
лимон *(limon)*	limão
малина *(malina)*	framboesa
мандарины *(mandariny)*	tangerina
орехи *(ariekhi)*	nozes
персик *(pierssik)*	pêssego
сливы *(slivy)*	ameixa
фрукты *(frukti)*	fruta
черешня *(tchiriechnia)*	cereja
чёрная смородина *(tchornaia smarodina)*	amora-preta
яблоки *(iablaki)*	maçã

Bebidas

апельсиновый сок *(apil'sinavyi sok)*	suco de laranja
белое вино *(byelaie vino)*	vinho branco
вода *(vada)*	água
водка *(votka)*	vodca
газированная вода *(gazirovanaia vada)*	água com gás
игристое вино *(igristaie vino)*	espumante
квас *(kvas)*	*kvas* (bebida não alcoólica feita de pão fermentado e água)
кефир *(kifir)*	*kefir* (bebida de iogurte)
коньяк *(koniak)*	conhaque
кофе с молоком *(kofe smalakom)*	café com leite
красное вино *(krassnaie vino)*	vinho tinto
минеральная вода *(miniral'naia vada)*	água mineral
молоко *(malako)*	leite
напитки *(napitki)*	bebidas
перцовка *(pirtsofka)*	vodca com pimenta
пиво *(piva)*	cerveja

десертное вино *(dissiertnaie vino)* — vinho de sobremesa
томатный сок *(tamatnyi sok)* — molho de tomate
чай *(tchai)* — chá
чай с лимоном *(tchai slimonam)* — chá de limão
чёрный кофе *(tchornyi kofe)* — café
шампанское *(champanskaie)* — champanhe
яблочный сок *(iablatchnyi)* — suco de maçã

Alimentos Básicos

варенье *(varienie)* — conserva, geleia, doce
горчица *(gartchitsa)* — mostarda
гренки *(grienki)* — croûtons
гречка *(grietchka)* — trigo-sarraceno
джем *(djem)* — geleia
каша *(kasha)* — mingau
маргарин *(margarin)* — margarina
масло *(masla)* — manteiga, azeite
мёд *(miot)* — mel
рассол *(rassol)* — picles
сливки *(slifki)* — creme
сливочное масло *(slivatchnaie masla)* — manteiga
сметана *(smitana)* — creme de leite
солёное печенье *(salionaie pitchienie)* — biscoito
соль *(sol')* — sal
соус майонез *(sous maiones)* — molho de maionese
соус хрен *(sous khrien)* — molho de raiz-forte
чёрный перец *(tchornyi pierits)* — pimenta-do-reino
уксус *(uksus)* — vinagre

Métodos de Preparo

домашний *(damachni)* — caseiro
жареный *(jarienyi)* — grelhado, frito ou assado
жаренный на вертеле *(jarienyi na viertele)* — no espeto
отварной *(atvarnoi)* — cozido
печёный *(pitchonyi)* — assado
сырой *(syroi)* — cru
тушёный *(tuchonyi)* — ensopado
фаршированный *(farchirovanyi)* — recheado

Termos de Culinária

блюдо *(bliuda)*	prato
меню *(mienu)*	cardápio
национальные русские блюда *(natsianal'nyie russkie bliuda)*	pratos tradicionais russos
горячее *(gariatchi-ie)*	quente
первое блюдо *(piervaie bliuda)*	primeiro prato
русская кухня *(ruskaia kukhinia)*	culinária russa
фирменные блюда *(firminyie bliuda)*	especialidade

COMPRAS

Quem procura presentes para levar para casa deve visitar uma das várias lojas especializadas em suvenires, bebidas alcoólicas e outros itens. As opções de mais destaque são as louças em tons azul e branco, as bandejas pintadas a mão, as caixas laqueadas e os broches de Palekh, além das bonecas tipo "matriochka", bijuterias e belas echarpes. Como nas lojas que vendem outros tipos de artigos, o pagamento deve ser feito em rublos (para trocar moeda estrangeira não faltam agências de câmbio, algumas localizadas dentro das próprias lojas).

No entanto, a maior oferta de objetos russos tradicionais e as melhores pechinchas estão nos mercados e feiras, como o de Арбат (*arbat*) ou o de Вернисаж (*virnissaj*), em Moscou. A qualidade e os preços variam, mas a negociação faz parte da experiência. Alimentos, como caviar, não devem ser comprados nesses locais, porque a procedência nem sempre é garantida.

Dois shopping centers que merecem uma visita são o ГУМ (*gum*; abreviação de "loja estatal universal"), situado em frente ao Kremlin, e o Петровский Пассаж (*pitrofski passaj*), a apenas alguns minutos a pé do Teatro Bolshoi.

Outra loja que merece uma visita é a 'Елисеевский' (*ielisie-ivski*), especializada em alimentos. Em Moscou a unidade fica na rua Tverskaya, e em São Petersburgo o endereço é a Nevsky Prospekt. Apesar de um pouco maltratadas pelo tempo, as duas lojas ainda oferecem um belo exemplo do estilo russo pré-revolução.

Quem procura itens mais sofisticados pode gostar de saber que na Rússia é possível encontrar antiguidades e obras de arte às vezes a preços bastante sedutores. Antes de comprar, porém, compare preços e informe-se corretamente, pois sem um recibo de uma *biriozka* ou uma autorização oficial do Ministério da Cultura, as autoridades alfandegárias podem impedir a retirada do objeto do país.

PALAVRAS E FRASES ÚTEIS

açougue	мясо *(literalm. carne)*	*miassa*
banca de jornal	газетный киоск	*gazietnyi kiosk*
barato	дешёвый *(m)* дешёвая *(f)* дешёвое *(n)*	*dichovyi* *dichovaia* *dichovaie*
caixa	касса	*kassa*
comprar	купить	*kupit'*
confeitaria	кондитерская	*kanditirskaia*
farmacêutico	аптека	*aptieka*
fazer compras	ходить по магазинам	*khadit' pa magazinam*
florista	цветы *(literalm. flores)*	*tsvity*
gastar	тратить	*tratit'*
livraria	книжный магазин	*knijnyi magazin*
loja	магазин	*magazin*
loja de alimentos	гастроном бакалея	*gastranom* *bakaleia*
loja de brinquedos	игрушки *(literalm. brinquedos)*	*igruchki*
loja de departamento	универмаг	*univirmak*
loja de discos	грампластинки *(literalm. discos)*	*gramplastinki*
loja de sapatos	обувь *(literalm. calçados)*	*obuf'*
loja de suvenires	сувениры *(literalm. suvenires)*	*suviniry*
mercado	рынок	*rynak*
moda	мода	*moda*
padaria	булочная	*bulatchnaia*
papelaria	канцтовары	*kantstavary*
peixeiro	рыба *(literalm. peixe)*	*ryba*
recibo	чек	*tchiek*
roupas femininas	женская одежда	*jenskaia adiejda*

roupas masculinas	мужская одежда	*muchskaia adiejda*
sapataria	ремонт обуви	*rimont obuvi*
sebo *(livros usados)*	букинистический магазин	*bukinistichiski-magazin*
supermercado	универсам	*univirssam*

Eu gostaria de…
Я хочу...
ia khatchu...

Você tem…?
У вас есть...?
u vas iest'...?

Quanto custa isto?
Сколько это стоит?
skol'ka eta stoit?

Onde fica o departamento de…?
Где отдел...?
gdie atdiel...?

Há mais algum desses?
У вас есть ещё?
u vas iest' ichio?

Gostaria de trocar isto, por favor
Будьте добры, я хочу это поменять
bud'te dabry, ia khatchu eta paminiat'

Há algo mais barato?
У вас есть что-нибудь дешевле?
u vas iest' chto-nibut' dichievlie?

Há algum maior?
У вас есть что-нибудь побольше?
u vas iest' chto-nibut' pabol'che?

Há algum menor?
У вас есть что-нибудь поменьше?
u vas iest' chto-nibut' pamien'che?

Há em outras cores?
У вас есть это другого цвета?
u vas iest' eto drugova tsvieta?

Poderia embrulhar isto para mim?
Заверните, пожалуйста?
zaviernitie, pajalsta?

Pode me dar um recibo?
Дайте, пожалуйста, чек?
daite, pajalsta tchiek?

Pode me dar uma sacola, por favor?
Дайте, пожалуйста, пакет?
daite, pajalsta pakiet?

Posso experimentar?
Можно померять?
mojna paminiat'

Onde devo pagar?
где платить?
gdie platit'?

Posso ter um reembolso?
Я хочу получить обратно деньги?
ia khatchu palutchit' abratna diengui?

Estou só olhando
Я просто смотрю
ia prosta smatriu

Volto mais tarde
Я вернусь позже
ia virnus' pozje

Expressões que Você Vai Encontrar

бакалея	*bakalie-ia*	loja de alimentos
букинистический магазин	*bukinistitchi-iski magazin*	loja de livros usados
булочная	*bulatchnaia*	padaria
бытовая химия	*bytovaia khimia*	produtos de limpeza
верхний этаж	*vierkhni etach*	piso superior
возьмите тележку/корзину	*vazmitie tiliejku/karzinu*	favor pegar um carrinho/cesta
женская одежда	*jenskaia adiejda*	roupas femininas
игрушки	*igruchki*	brinquedos
канцтовары	*kantstavary*	papelaria
касса	*kassa*	caixa
книги	*knigui*	livraria
количество	*kalitchistva*	quantidade
кондитерская	*kanditirskaia*	confeitaria
меха	*mikha*	loja de peles
мода	*moda*	moda
мороженое	*marojinaia*	sorveteria
мужская одежда	*muchskaia adiejda*	roupas masculinas
мясо	*miassa*	açougueiro

→

не трогать	*nitrogat'*	favor não mexer
обувь	*obuf'*	sapataria
овощи	*ovashi*	verdura
отдел	*atdiel*	departamento
первый этаж	*piervyi etach*	térreo
прокат	*prakat*	aluguel
самообслуживание	*sama-obslujivanie*	*self-service*
табак	*tabak*	vendedor de tabaco
универмаг	*univirmak*	loja de departamento
цветы	*tsvity*	flores
цена	*tsina*	preço

Frases que Você Vai Ouvir

u vas iest' mielatch?
Você tem trocado?

izvinitie u nas paka niet
Está em falta

eta vsio, chto u nas iest'
Isso é tudo o que temos

chto-nibut' ichio?
Algo mais?

NO CABELEIREIRO

Palavras e Frases Úteis

barba	борода	*barada*
bigode	усы	*ussy*
cabeleireiro	парикмахер	*parikmakhir*
cabelo	волосы	*volassy*
cabelo cacheado	вьющиеся волосы	*viuchi-iessia volassy*
cabelo comprido	длинные волосы	*dlinyie volassy*
cabelo curto	короткие волосы	*karotkie volassy*
cachos	бигуди	*bigudi*
corte	стрижка	*strishka*
crespo	кудрявый	*kudriavyi*
escova	щётка	*chiotka*
escuro	тёмный	*tiomni*
espuma de barbear	крем для бритья	*kriem dlia britia*
franja	чёлка	*tchiolka*
gel	гель для волос	*guel'dlia valos*
homem/mulher loiro/a	блондин/блондинка	*blandin/blandinka*
hora marcada	запись	*zapis'*
pente	расчёска	*raschiosska*
permanente	перманент	*pirmanient*
risca	пробор	*prabor*
secador de cabelo	фен	*fien*
***spray* para cabelo**	лак для волос	*lak dlia valos*
xampu	шампунь	*shampun'*

Gostaria de marcar hora
Я хочу записаться
ia khatchu zapissat'sia

Só aparar, por favor
Немного подстригите, пожалуйста
nimnoga padstriguite, pajalsta

Não corte demais
Много не снимайте
mnoga ni snimaitie

Um pouco mais aqui, por favor
Покороче здесь, пожалуйста
pakarotchie zdies', pajalsta

Gostaria de cortar e fazer escova
Подстригите и сделайте укладку феном
padstriguitie i sdelaite uklatku fienam

Gostaria de fazer um permanente
Я хочу перманент
ya khachu piermanient

Não quero passar *spray*
Лака не нужно
laka ni nujna

Expressões que Você Vai Encontrar

женский зал	*jenski zal*	salão feminino
краска для волос	*kraska dlia valos*	tingir
мастер	*mastir*	cabeleireiro
мужской зал	*mushskoi zal*	salão masculino
парикмахер	*parikmakhir*	cabeleireiro
парикмахерская	*parikmakhirskaia*	salão de cabeleireiro
перманент	*pirmanient*	permanente
сухой	*sukhoi*	seco
укладка	*uklatka*	arrumar
уложить волосы феном	*ulajit' volassy fienam*	secar com secador

Frases que Você Vai Ouvir

chto vy khatite?
Como quer cortar?

eta dastatatchna koratka?
Está curto o suficiente?

prikryt' lakam?
Gostaria de passar *spray*?

ESPORTES

Em geral, turistas que visitam a Rússia procuram atividades esportivas como natação, patinação ou esqui. Para obter mais detalhes, informe-se no hotel. Muitas pessoas apreciam a prática de esqui (é possível alugar equipamento em alguns lugares, como no parque Sokolniki, em Moscou, por exemplo). Quem pretende se afastar das áreas principais deve sempre estar acompanhado de alguém que conheça a região. Há algumas estações de esqui no Cáucaso, mas nada que se compare às instalações oferecidas em Verbiers ou Val d'Isère. Antes de se dirigir para o local da prática esportiva, confirme com a agência de viagens que equipamentos devem ser levados e quais as opções de aluguel.

Os resorts situados do Mar Negro oferecem boas condições para nadar, mas é possível encontrar piscinas em Moscou, São Petersburgo e nas principais cidades.

Em geral, os recepcionistas dos hotéis podem orientar sobre os eventos esportivos, se for do interesse do hóspede. Quem visita a Rússia no inverno com intenção de praticar esporte deve ter em mente que o frio costuma ser muito intenso.

Palavras e Frases Úteis

alpinismo	альпинизм	*al'pinizm*
andar de patins	кататься на коньках	*katatsa na kan'kakh*
areia	песок	*pissok*
arpão	гарпун	*garpun*
atletismo	атлетика	*atlietika*
badminton	бадминтон	*badminton*
barco a remo	вёсельная лодка	*viossil'naia lotka*
bicicleta	велосипед	*vilassipiet*
bola	мяч	*miatch*
bola de futebol	футбольный мяч	*futbol'nyi miatch*

cadeira de sol	шезлонг	*chezlonk*
caminhada	ходьба	*khad'ba*
canoa	каноэ	*kanoe*
cilindro de oxigênio	кислородные баллоны	*kisslarodnyie balony*
colete salva-vidas	спасательный жилет	*spassatil'nyi jiliet*
correr	бегать	*biegat'*
corrida	бег трусцой	*biek trussstsoi*
equitação	верховая езда	*virkhavaia iezda*
esqui *(esporte)*	лыжный спорт	*lyjnyi sport*
esquis	лыжи	*lyji*
esquis aquáticos	водные лыжи	*vodnyie lyji*
esqui aquático *(esp.)*	воднолыжный спорт	*vadna-lyjnyi sport*
esqui na neve	горнолыжный спорт	*gorna-lyjnyi sport*
esquiar	кататься на лыжах	*katatsa na lyjakh*
estádio	стадион	*stadi-on*
futebol	футбол	*futbol*
ginástica	гимнастика	*guimnastika*
guarda-sol	солнечный зонт	*solnitchnyi zont*
hóquei	хоккей	*khakei*
lago	озеро	*oziera*
mar	море	*mor-ie*
nadar	плавать	*plavat'*
óculos de proteção	защитные очки	*zachitnyie atchki*
onda	волна	*valna*
partida de futebol	футбольный матч	*futbol'nyi match*
patins	коньки	*kan'ki*
pedalinho	водный велосипед	*vodny vilassipiet*
pesca	рыболовство	*rybalofstva*
pesca submarina	подводное плавание	*padvodna-ie plavanie*
pés de pato	ласты	*lasty*
piscina	бассейн	*bassein*

pista de patins	каток	*katok*
praia	пляж	*pliach*
prancha de windsurfe	доска для сёрфинга	*daska dlia siorfinga*
quadra de tênis	теннисный корт	*tenisnyi kort*
raquete	ракетка	*rakietka*
raquete de tênis	теннисная ракетка	*tenissnaia rakietka*
salva-vidas	спасатель	*spassatil'*
tênis	теннис	*tenis*
tênis de mesa	настольный теннис	*nastol' nyi tenis*
traje de mergulho	плавательный костюм	*plavatel'nyi kastium*
vara de pesca	удочка	*udatchka*
velejar	парусный спорт	*parussnyi sport*
veleiro	яхта	*iakhta*
vôlei	волейбол	*valeibol*
xadrez	шахматы	*shakhmaty*

Como faço para chegar à praia?
Как попасть на пляж?
kak papast' na pliash?

Qual a profundidade da água?
Какая глубина воды здесь?
kakaia glubina vady zdies'?

Há uma piscina aqui?
Здесь есть открытый бассейн?
zdies' iest' atkrytyi bassein?

É permitido nadar aqui?
Здесь можно плавать?
zdies' mojna plavat'?

É permitido pescar aqui?
Здесь можно ловить рыбу?
zdies' mojna lavit' rybu?

Preciso de autorização?
Мне нужно разрешение?
mnie nujna razrichenie?

Gostaria de alugar um guarda-sol
Можно взять напрокат зонтик?
mojna vziat' naprakat zontik?

Qual o preço da hora?
Сколько это стоит в час?
skol'ka eta stoit ftchas?

Gostaria de ter aulas de esqui aquático
Я хочу брать уроки катания на водных лыжах
ia khatchu brat' uroki katania na vodnikh lyjakh

Onde posso alugar…?
Где можно взять напрокат...?
gdie mojno vziat' naprakat...?

Expressões que Você Vai Encontrar

билеты	*biliety*	ingressos
велосипедная трасса	*vilasipiednaia trassa*	ciclovia
велосипеды	*vielassipiedy*	bicicletas
водные виды спорта	*vodnyie vidy sporta*	esportes aquáticos
горные лыжи	*gornyie lyji*	esqui
коньки	*kan'kee*	patins
лыжи	*lyji*	esqui *cross-country*
напрокат	*naprakat*	aluga-se
не нырять	*ni nyriat'*	proibido mergulhar
парусные лодки	*parussnyie lotki*	barco a vela
первая помощь	*piervaia pomach'*	primeiros socorros
плавать запрещается	*plavat' zaprichia-itsa*	proibido nadar
пляж	*pliash*	praia
порт	*port*	porto
рыбная ловля запрещена	*rybnaia lovlia zaprichina*	proibido pescar
спортивное оборудование	*spartivnaie abarudavanie*	equipamentos para prática de esporte
спортивный центр	*spartivnyi tsientr*	academia
спасательный жилет	*spassatil'nyi jiliet*	colete salva-vidas
спасатель	*spassatel'*	salva-vidas
стадион	*stadion*	estádio
уроки по водным лыжам	*uroki pa vodnym lyjam*	aulas de esqui aquático
футбольное поле	*futbol'naie polie*	jogada (futebol)

CORREIO E BANCOS

Para o envio de correspondências, pode ser mais fácil utilizar a estrutura oferecida pelo hotel (quando houver) do que recorrer a uma agência de correios: além de fugir das longas filas, o visitante encontra atendentes acostumados a lidar com estrangeiros (e evita o risco de ser informado, por exemplo, de que não há selos). Cartas enviadas por via aérea devem ser postadas nos международный конверт (*mijdunarodnyi kanviert*), em envelopes internacionais, e o prazo de entrega é de cerca de duas semanas. Cartões-postais, selos e envelopes estão à venda em bancas de jornal e nas agências. As caixas de correio são azuis; em Moscou, as que exibem a cor vermelha recolhem apenas correspondência local.

Na maioria das cidades grandes não faltam agências de câmbio e bancos. Todos trocam moedas estrangeiras por rublos e vice-versa, e as taxas não variam muito (em geral, não vale a pena fazer muitas comparações).

Mesmo com o relaxamento no controle de câmbio ocorrido nos últimos anos, ainda é recomendável guardar todos os recibos das operações. Os documentos contam como despesa em relação ao dinheiro que o visitante levou para a Rússia, conforme declaração preenchida ao chegar ao país.

É importante destacar que o rublo é a única moeda aceita nas lojas e restaurantes russos. Os estabelecimentos não trabalham mais com moedas estrangeiras fortes, mas alguns locais começam a aceitar cartões de crédito. O visitante pode trocar seu dinheiro por rublos nas diversas agências de câmbio, algumas situadas dentro das lojas. Porém, nestas casas as taxas oferecidas tendem a ser mais baixas do que nas agências de câmbio independentes.

Palavras e Frases Úteis

agência de correio	почта	*potchta*
balcão	стойка	*stoika*
banco	банк	*bank*
caixa de correio	почтовый ящик	*patchtovyi iachik*
caixa postal do correio	востребования	*vastriebavania*
carta	письмо	*pissmo*
carta registrada	заказное письмо	*zakaznoie pis'mo*
cartão-postal	открытка	*atkrytka*
carteiro	почтальон	*patchtalion*
cédula	банкнота	*banknota*
cheque	чек	*tchiek*
código postal	почтовый индекс	*patchtovyi indeks*
coleta	выемка	*vy-imka*
correio	почта	*potchta*
dólar	доллар	*dolar*
entrega	доставка	*dastafka*
fazer câmbio	обменять	*abminiat'*
formulário	бланк	*blank*
formulário da alfândega	таможенная декларация	*tamojinaia diklaratsia*
pacote	посылка	*passylka*
posta-restante	почта до	*potchta da-*
real brasileiro	бразильский реал	*brazil' ski rial*
remessa internacional de dinheiro	поручение на международный перевод	*porutchenie na mijdunarodnyi pirivot*
selo	марка	*marka*
tarifas postais	почтовые тарифы	*patchtovyie tarify*
taxa de câmbio	обменный курс	*abmienyi kurs*
traveller's cheque	дорожный чек	*darojnyi tchiek*
via aérea	авиапочта	*avia-potchta*

Quanto custa um cartão-postal para…?
Сколько стоит отправить открытку в...?
skol'ka sto-it atpravit' atkrytku v...?

Quero registrar esta carta
Я хочу отправить заказное письмо
ia khatchu atpravit' zakazno-ie pis'mo

Quero mandar esta carta para…
Я хочу отправить это письмо в...
ia khachu atpravit' eta pis'mo v...

Por via aérea, por favor
Авиапочтой, пожалуйста
avia-potchtay, pajalsta

Quanto tempo leva para chegar em…?
Сколько это будет идти до...?
skol'ka eta budit iti da...?

Onde posso enviar isto?
Где я могу это отправить?
gdie ia magu eta atpravit'?

Há alguma correspondência para mim?
Есть письма для меня?
iest' pis'ma dlia minia?

Meu sobrenome é…
Моя фамилия...
maia familia...

Gostaria de mandar um fax
Я хочу отправить факс
ia khatchu atpravit' faks

Gostaria de fazer o câmbio para…
Я хочу разменять это на...
ia khatchu razminiat' eta na...

Posso descontar esses traveller's cheques?
Можно обменять эти дорожные чеки?
mojna abminiat' eti darojnyie tchieki?

Qual a taxa de câmbio em relação ao dólar?
Какой курс обмена фунтов долларов??
kakoi kurs abmiena funtaf dollaraf?

Expressões que Você Vai Encontrar

авиапочта	*avia-potchta*	via aérea
адрес	*adris*	endereço
адресат	*adrissat*	destinatário
банк	*bank*	banco
денежные переводы	*dienijnyie pirivody*	remessa de dinheiro
заказные письма	*zakaznyie pissma*	cartas registradas
заполнить	*zapolnit'*	preencher
касса	*kassa*	caixa
марка	*marka*	selo
марки	*marki*	selos
обмен валюты	*abmien valiuty*	câmbio
открытка	*atkrytka*	cartão-postal
отправитель	*atpravitil'*	remetente
пакет	*pakiet*	pacote
письмо	*pis'mo*	carta
почта	*potchta*	caixa de correio; agência de correio
почта до востребования	*potchta da vasstriebavania*	caixa postal do correio
почтовый индекс	*patchtovyi indeks*	código postal

→

приём посылок	*pri-iom passylak*	recebimento de encomendas
стоимость международной отправки	*stoimast' mijdunarodnai atprafki*	custo de envio internacional
тариф	*tarif*	tarifa
телеграммы	*tiligramy*	telegramas
часы работы	*tchassy raboty*	horário de funcion.

LIGAÇÕES TELEFÔNICAS

Telefones: o visitante pode fazer ligações locais e internacionais do hotel, pois a maioria conta com cabines para chamadas internacionais ou sistema de telefonia por satélite. As cabines funcionam com cartão telefônico, em geral vendido na recepção, ou com os principais cartões de crédito. É grande a oferta de telefones públicos nas ruas, estações e restaurantes.

Em caso de não ter acesso a um telefone que faça chamadas internacionais, é preciso agendar a ligação com um operador. Algumas das frases mais comuns para essa situação estão relacionadas a seguir, mas vale lembrar que o operador raramente fala inglês. Na impossibilidade de fazer uma ligação do hotel, a melhor opção é procurar uma agência telefônica e solicitar as chamadas.

Palavras e Frases Úteis

ambulância	скорая помощь (03)	*skoraia pomach'*
aparelho de fax	факс	*faks*
bombeiros	пожар (01)	*pajar*
cabine telefônica	телефон-автомат	*tilifon-aftamat*
cartão telefônico	телефонная карточка	*tilifonaia kartatchka*
chamada	звонок	*zvanok*
chamada internacional	международный звонок	*mijdunarodnyi zvanok*
código	код	*kot*
consulta à lista	справочная (09)	*spravatchnaia*
discar	набирать номер	*nabirat' nomir*
e-mail	е-мэйл	*i-meil*
fone *(de telefone)*	(телефонная) трубка	*(tilifonaia) trupka*
lista telefônica	телефонный справочник	*tilifonyi spravatchnik*

número	номер	*nomir*
número errado	неправильный номер	*nipravil'nyi nomir*
polícia	милиция (02)	*militsia*
ramal	добавочный (номер)	*dabavatchnyi (nomir)*
telefonar	звонить	*zvanit'*
telefone	телефон	*tilifon*
telefone celular	мобильный телефон	*mobil'nyi tilifon*
tom de discagem	гудок	*gudok*

Onde fica a cabine telefônica mais próxima?
Где ближайший телефон-автомат?
gdie blijaichi tilifon-aftamat?

Há uma lista telefônica?
У вас есть телефонный справочник?
u vas iest' tilifonyi spravatvhnik?

Gostaria de ver a lista telefônica para…
Мне нужен телефонный справочник для...
mnie nujin tilifonyi spravatchnik...

Gostaria de agendar uma chamada para Londres para amanhã, às 8 da noite
Я хочу заказать разговор с Лондоном на восемь вечера завтра
ia khatchu zakazat' razgavor slondanam na vossim vietchira

Daqui eu posso ligar para o exterior?
Можно позвонить за границу отсюда?
mojna pazvanit' zagranitsu atsiuda?

Quanto custa uma ligação para…?
Сколько стоит звонок в...?
skol'ka stoit zvanok v...?

Gostaria de um número em…
Мне нужен номер в...
mnie nujin nomir v...

Alô, aqui quem fala é…
Алло, говорит...
allo, gavarit...

É o/a…?
Это...?
eta...?

Pode falar *(literalmente: estou ouvindo)*
Слушаю
slucha-iu

Gostaria de falar com…
Позовите, пожалуйста...
pazavitie, pajalsta…

Ramal…, por favor
Добавочный..., пожалуйста
dabavatchnyi, pajalsta

Por favor, diga que ele/ela telefonou
Пожалуйста, передайте, что звонил *(m)*/звонила *(f)*
pajalsta, peredaite chto zvanil/zvanila

Peça a ele/ela que retorne minha chamada, por favor
Попросите его/её позвонить мне, пожалуйста
paprassite ivo/i-io pazvanit' mnie pajalsta

Meu número é…
Мой номер...
moi nomir…

Você sabe onde ele/ela está?
Вы знаете, где он/она?
vy znaite gdie on/ano?

Quando ele/ela voltará?
Когда он/она вернётся?
kagda on/ana virniotsia?

Posso deixar um recado para ele/ela?
Вы можете передать ему/ей?
vy mojitie piridat' imu/ei?

Volto a telefonar mais tarde
Я позвоню позже
ia pazvaniu pozje

Qual o seu número de fax/e-mail?
Какой у вас номер факса/адрес электронной почты?
kakoi uvas nomir faksa/adris iliktronai potchty?

Você recebeu meu fax/e-mail?
Вы получили мой факс/е-мэйл?
vy palutchili moi faks/i-meil?

Por favor, reenvie seu fax
Пожалуйста, перешлите факс еще раз
pajalsta, pirichlitie vach faks ichio

Posso enviar um e-mail/fax daqui?
Можно отсюда отправить е-мэйл/факс?
mojna atsiuda atpravit' i-meil/faks?

Posso usar a fotocopiadora/aparelho de fax?
Можно воспользоваться ксероксом/факсом?
mojna vaspol'zavat'sia ksieraksam/faksam?

Expressões que Você Vai Encontrar

автоматический набор	*aftamatitchiski nabor*	discagem direta
код	*kot*	código
междугородный звонок	*mijdunarodnyi zvanok*	ligação interurbana
местный звонок	*miessnyi zvanok*	chamada local
не работает	*ni rabotait*	em manutenção
справочная	*spravatchnaia*	central de inform.
стоимость	*stoimast'*	tarifas

Frases que Você Vai Ouvir

skiem vy khatite gavarit'?
Com quem gostaria de falar?

vy ni tuda papali
Você digitou o número errado

kto gavarit?
Quem está falando?

kakoi u vas nomir?
Qual é o seu número?

izvinitie, ivo/i-io niet
Desculpe, ele/ela não está

on/ana virniotsia v…
Ele/ela estará de volta às… horas

pirizvanitie pajalsta zaftra
Por favor, ligue novamente amanhã

ia piridam chto vy zvanili
Direi que você ligou

SAÚDE

Se acontecer de ficar doente durante visita à Rússia, o melhor a fazer é pedir orientação na recepção do hotel, pois a maioria conta com um médico. O visitante pode encontrar um profissional que fale inglês, mas talvez seja o caso de recorrer a um intérprete. Algumas instituições são especializadas no atendimento a estrangeiros, como o European Medical Centre, em Moscou, mas em geral cobram mais por isso.

Se precisar de atendimento imediato e não tiver tempo de contatar um médico, procure o pronto-socorro mais próximo. Convém providenciar um seguro com ampla cobertura antes de sair de casa, pois os serviços de saúde russos nem sempre são de qualidade e o atendimento particular custa caro.

Problemas menos sérios podem ser resolvidos em uma farmácia (аптека *aptieka*). Em geral, esses lugares são identificados por uma placa com uma cruz verde. Se o paciente informar qual medicamento está acostumado a tomar, o farmacêutico pode sugerir um equivalente.

Em Moscou, diversas farmácias funcionam a noite toda.

Palavras e Frases Úteis

acidente	несчастный случай	*nichiasnyi slutchai*
ambulância	скорая помощь	*skoraia pomach'*
apêndice	аппендикс	*apiendiks*
apendicite	аппендицит	*apinditsit*
asma	астма	*astma*
aspirina	аспирин	*aspirin*
bexiga	мочевой пузырь	*matchivoi puzyr'*
bolha	волдырь	*valdyr'*
calo	мозоль	*mazol'*
câncer	рак	*rak*
catapora	ветрянка	*vitrianka*
caxumba	свинка	*svinka*
cirurgia	операция	*apiratsia*

coceira	зуд	*zut*
coqueluche	коклюш	*kakliush*
coração	сердце	*siertse*
corte (*ferimento*)	порез	*paries*
curativo	бинт	*bint*
dentista	зубной врач	*zubnoi vratch*
diabetes	диабет	*diabiet*
diarreia	понос	*panos*
distensão	растяжение связок	*rasstiajenie sviazak*
doente	болен (*m*)/ больна (*f*)	*bolin/bal'na*
dor	боль	*bol'*
dor de cabeça	головная боль	*galavnaia bol'*
dor de dente	зубная боль	*zubnaia bol'*
dor de garganta	боль в горле	*bol' vgorl-ie*
dor de ouvido	боль в ухе	*bol' vukhie*
dor nas costas	боль в спине	*bol' vspinie*
doutor	доктор	*doktar*
emplastro	пластырь	*plastyr'*
enfermeira	медсестра	*midsistra*
enxaqueca	мигрень	*migrien'*
estilhaço	заноза	*zanoza*
estômago	желудок	*jiludak*
farmacêutico	аптека	*aptieka*
febre	температура	*timpiratura*
ferida de guerra	контузия	*kantuzia*
ferrão	укус	*ukus*
fratura	перелом	*pirilom*
gengiva	десна	*disna*
gesso	гипс	*guips*
grávida	беременная	*birieminaia*
gripe	грипп	*grip*
hemorragia	кровотечение	*kravatitchienie*
hepatite	гепатит	*guepatit*

hospital	больница	*bal'nitsa*
inchaço, cisto	опухоль	*opukhal'*
indigestão	несварение	*nissvarienie*
infarto	сердечный приступ	*sirdietchnyi prisstup*
infectado	заражённый	*zarajonyi*
injeção	укол	*ukol*
lentes de contato	контактные линзы	*kantaktnyie linzy*
médico	врач	*vratch*
mordida *(cachorro)*	укус (собаки)	*ukus (sabaki)*
náusea	тошнота	*tashnata*
obturação	пломба	*plomba*
óculos	очки	*achki*
oftalmologista	окулист	*akulist*
peito	грудь	*grut'*
penicilina	пенициллин	*pinitsilin*
picada *(inseto)*	укус (насекомого)	*ukus (nassikomava)*
pinças	миндалины	*mindaliny*
pneumonia	пневмония	*pnivmania*
portador de HIV	ВИЧ-инфицированный	*vitch-infitsiravanyi*
primeiros socorros	первая помощь	*piervaia pomach'*
prisão de ventre	запор	*zapor*
queimadura	ожог	*ajok*
receita	рецепт	*ritsiept*
resfriado	простуда	*prastuda*
reumatismo	ревматизм	*rivmatism*
rim	почка	*potchka*
rinite	сенная лихорадка	*sinaia likharatka*
rubéola	краснуха	*krassnukha*
sangue	кровь	*krof'*
sarampo	корь	*kor'*
temperatura	температура	*timpiratura*

tontura	головокружение	*galava-krujenie*
tosse	кашель	*kachil'*
úlcera	язва	*iazva*
vacina	прививка	*privivka*

Estou com enjoo
Меня тошнит
minia tachnit

Sinto náuseas
Меня укачало
minia ukatchala

Sinto dor no/na…
У меня болит...
u minia balit...

Me sinto mal
Мне плохо
mnie plokha

Me sinto fraco
Мне дурно
mnie durna

Estou tonto
У меня кружится голова
u menia krujitsa galava

Dói aqui
Болит здесь
balit zdies'

É uma dor aguda
Острая боль
osstraia bol'

É uma dor latejante
Тупая боль
tupaia bol'

Dói o tempo todo
Болит всё время
balit fsio vriemia

Só dói de vez em quando
Болит время от времени
balit vriemia at vriemini

Só dói quando você toca
Болит, когда вы трогаете
balit kagda vy trogaite

Dói mais à noite
Болит сильнее ночью
balit sil'neie notchiu

Queima
Жжёт
jjot

Dói
Болит
balit

Estou com febre
У меня температура
u minia timpiratura

Estou grávida de… meses
Я на... месяце беременности
ia na… miesitse birieminosti

Preciso de uma receita para…
Мне нужен рецепт для...
mnie nujin ritsiept dlia...

Grávidas (lactantes) podem tomar isso?
Это можно беременным/кормящим грудью?
mojna birieminym/karmiachim grudiu?

Normalmente eu tomo…
Обычно я принимаю...
abytchna ia prinimaiu...

Sou alérgico a…
У меня аллергия на...
u menia alirguia na...

Tem algo para…?
У вас есть что-нибудь от...?
u vas iest' chto-nibut' ot...?

Preciso de uma receita para isso?
Мне нужен рецепт для этого?
mnie nujin ritsiept dlia etava?

Perdi uma obturação
У меня выпала пломба
u menia vypala plomba

Expressões que Você Vai Encontrar

больница	*bal'nitsa*	hospital
врач	*vratch*	médico
дежурная аптека	*dijurnaia aptieka*	farmacêutico de plantão
зубной врач	*zubnoi vratch*	dentista
клиника	*klinika*	clínica
кровяное давление	*kravianoie davlienie*	pressão arterial
лекарство	*likarstva*	medicamento
нарыв	*naryf*	abscesso
натощак	*natachiak*	de estômago vazio
окулист	*akulist*	oftalmologista
осмотр	*asmotr*	check-up
отолоринголог	*atalaringolak*	otorrinolaringologista
очки	*atchki*	óculos
пломба	*plomba*	obturação
поликлиника	*paliklinika*	policlínica
пункт скорой помощи	*punkt skorai pomachi*	posto de primeiros socorros
рентген	*rientguen*	raio X
рецепт	*ritsept*	receita
скорая помощь	*skoraia pomach'*	ambulância
укол	*ukol*	injeção

Frases que Você Vai Ouvir

prinimaite pa... tablietki
Tome... pílulas/comprimidos a cada vez

svadoi
Com água

razjuite
Mastigue-os

adin raz/dva raza/tri raza vdien'
Uma/duas/três vezes ao dia

tol'ka pirit snom
Só antes de se deitar

shto vy abytchna prinima-ite
O que o senhor/senhora toma normalmente?

vam nujna paiti kvratchu
É melhor procurar um médico

izvinitie u nas etava niet
Desculpe, não temos isso

dlia etava vam nujin ritsept
Para isso, é preciso uma receita

MINIDICIONÁRIO

A

à, às: à noite notchiu
  às vezes inagda
  às 3 horas ftri tchissa
abacaxi ananas
abaixo pod
abajur abajur
aberto *(adj.)* atkrytyi
abotoaduras zapanki
abridor de garrafa shtopar
abridor de lata kansiervnyi nosh
abrir atkryt'
absorvente higiênico gui-gui-ienitchiskie salfietki
acabou de tol'ka chto
achados e perdidos biuro nakhodak
achar nakhadit'
  acho que sim ia dumaiu chto da
acidente avaria
acomodação razmichenie
açougueiro missnoi magazin
açúcar sakhar
adaptador transfarmatar
aeroporto aeraport
afiado *(adj.)* ostryi
agência de correio potchta
agência de viagens biuro putichestvi
agitar makhat'
agora tipier'
agradável *(adj.)* priatnyi
agradecer blagadarit'
água vada
água com gás gazirovania vada
água mineral miniral'naia vada
água potável pit'iva-ia vada
água-viva miduza
agulha igla
ainda: ainda não ichio niet
ajuda pomach'
ajudar pamagat'
  me ajude! pamaguitie!
alavanca de parada stop-kran
alcançar abganiat'
álcool spirt
aldeia dirievnia
alemão *(adj.)* nimietski
alface salat
alfândega tamojnia
alfinete *(para pender papel em mural)* knopka
alfinete de segurança angliskaia bulafka
algodão vata
algodão cru khlopak
alguém kto-ta
alguma: alguma coisa shto-ta
  algumas vezes inagda
alho tchissnok
almoço abiet
alto *(adj.)* vyssoki
  (volume de som) gromki
  (adv.) vyssoko
  no alto navirkhu
alugar nanimat'
aluguel prakat
aluno *(homem)* studient
  (mulher) studientka
amanhã zaftra
amar liubit'
amarelo joltyi

amargo *(adj.)* gor'ki
amarrar zaviazyvat'
ambos oba
ambos (eles) ani oba
ambos (nós) my oba
ambulância skoraia pomach'
ameixa sliva
amendoim arakhis
América amerika
americano *(adj.)* amerikanski
(homem) amerikanits
(mulher) amerikanka
amiga padruga
amigável drujiski
amigo druk
amor liubof'
ampliação uvili-tchie-nie
andar *(de prédio)* etash
anel kal'tso
aniversário dien' rajdenia
feliz aniversário! zdniom rajdenia
ano got
anoraque kurtka
antes do
anticongelante antifriz
antiquário antikvarnyi magazin
anúncio ab-iavlienie
aparelho de audição slukhavoi aparat
aparelho de fax faks
apartamento kvartira
apenas tol'ka
aperitivo apiritif
apetite apitit
aprender *(idioma)* izutchat'
aquecimento ataplienie
aquele, aquela, aquilo tie viechi
aquela mulher ta jenchina
aquele ônibus tot aftobus
o que é aquilo? shto eta?
aranha pa-uk
ar-condicionado kanditsianier
areia pissok
armário shkaf
arredores prygat'
arroz ris
arrrumadeira gornitchnaia
arte isskustva
artista khudojnik
árvore dieriva
asa krylo
aspirador de pó pylisos
aspirina aspirin
assim: assim que possível kak mojna skarieie
atadura bint
até do
até logo dasvidania
atendimento ao turista turistitchiskaie biuro
atraente *(adj.)* privlikatilnyi
atrás za
atrasado: o ônibus está atrasado aftobus apazdyva-it
atraso zadierchka
através tchieris
aula urok
ausente: ele está ausente ivo niet
Austrália afstralia
australiano *(adj.)* afstraliski
(homem) afstraliits
(mulher) afstraliika
automático aftamatitchiski
autorização razrichenie
ave ptitsa
avelã ariekh
avião samaliot
avô babushka
avó dieduchka
azeitona maslina
azul sini

B

babador sliuniaftchik
bagagem bagash
baixo *(adj.)* nizki
bala kanfietka
balalaica balalaika
balde vidro
balé baliet
balsa parom
Bálticos *(países)* pribaltika
banana banan
banca de jornal gazietnyi kiossk
banco bank
banda *(de músicos)* arkiestr
bandeira flak
bandeja padnos
banheiro vanaia
banho vana
  tomar banho prinimat' vanu
banho de sol zagarat'
barata tarakan
barato *(adj.)* dichovyi
barba barada
barbeador britva
barbear brit'sa
barbearia parikhmakhierskaia
barco parakhot
  (menor) lotka
barco a remo viossil'naia lotka
barra bar
barra de chocolate plitka shikalada
barraca palatka
barulhento *(adj.)* chumnyi
bastante davol'na
batata kartofyiel'
batata chips khrustiachi kartofil'
batatas fritas kartofil' fri
bateria batareika
batom gubnaia pamada
baunilha vanil'
bêbado pianyi
bebê ribionak
beber pit'
bebida napitak
bege biejivyi
bem-vindo dabro pajalavat'
  seja bem-vindo pajalsta
biblioteca bibliatieka
Biblioteca de Lênin bibliatieka imini lienina
bicicleta vilassipiet
Bielorrússia bielarússia
bife bifshteks
bigode ussy
bilhete de ida e volta abratnyi biliet
bilheteria bilietnaia kassa
biquíni kupal'nik
biscoito pitchenie
bloco de notas zapisnaia knijka
blusa bluska
blusa de lã djempir
boca rot
bola miatch
  (de futebol) futbol'nyi miatch
bolha valdyr
bolo pirok
bolsa de água quente grielka
bolso karman
bom *(adj.)* kharochi
  que bom! kharasho
bonde tramvai
bondoso dobryi
boné kiepka
boneca kukla
bonito *(adj.)* krassivyi
borracha *(material)* rizina
  (para apagar) rizinka
bota sapok
  (de borracha) rizinavyie sapagui
botão pugavitsa
braço ruka

branco biely
Brasil brazília
brasileiro *(adj.)* brazilski
(homem) brzilits
(mulher) brazilianka
brincar igrat'
brinco sier'gui
brinquedo igruchka
broche brosh
brochura brashiura
bronzeado zagar
búlgaro balgarski
buzina signal

C
cabeça galava
cabeleireiro parik-makhir
cabelo volassy
cabide vieshalka
cabine telefônica tilifon-aftamat
cachecol sharf
cachimbo trupka
cachoeira vadapat
cachorro sabaka
cada kajdyi
vinte rublos cada um
dvatsat' rublei kajdyi
cadeira stul
cadeira de rodas invalidnaia kaliasska
cadeira de sol shezlong
cadeira para carro *(bebês)* dietskaie sidienie
café *(bebida)* kof-ie
(lugar) kafe
café da manhã zaftrak
cair padat'
cais pritchal
caixa karopka
caixa de bombons karopka chikaladnykh kanfiet
caixa postal patchtovyi iachik
calçada tratu-ar
calcanhar piatka
calças briuki
calculadora kal'kuliatar
calmo tikhi
cama kravat'
camarão krivietka
câmbio *(moeda)* abmien
câmera fata-aparat
caminhada: dar uma caminhada iti na pragulku
caminhão gruzavik
caminhão coletor de neve sniega-uboratchna-ia mashina
caminhar guliat'
camisa rubashka
camisola de noite natchnaia rubachka
campainha zvanok
camping kemping
campo pol-ie
camundongo mysh'
Canadá kanada
canadense *(adj.)* kanatski
(homem) kanadiets
(mulher) kanatka
câncer rak
caneca krushka
caneta rutchka
caneta esferográfica sharikavaia rutchka
caneta hidrográfica flamastir
caneta-tinteiro aftaruchka
canivete piratchinyi nosh
canoa kanoe
cansado ustalyi
estou cansado *(homem)* ia ustal
(mulher) ia ustala
cantar piet'
canto *(ângulo)* ugal

capa de chuva plach'
capô kapot
caranguejo krap
cardápio miniu
cardigã kofta
carne miassa
carne bovina gaviadina
caro daragoi
carregador *(de hotel)* nasil'chik
carrinho de bebê dietskaia kaliaska
carro mashina
carta pis'mo
cartão atkrytka
cartão de crédito kriditnaia kartatchka
cartão-postal atkrytka
cartão telefônico tilifonaia kartatchka
carteira bumajnik, kachiliok
carteira de motorista vaditil'skie prava
carteiro patchtal'on
casa dom
em casa doma
casa noturna natchnoi klup
casaco pal'to
casado *(homem)* jinat
(mulher) zamujem
casamento svat'ba
cassete kassieta
castelo zamak
catedral sabor
Cáucaso kafkas
cavalo loshat'
caverna pichiera
cebola luk
cedo rana
cédula banknota
cego slipoi
cemitério kladbichie
cenoura markof'
central de reservas kassa
centro tsientr
centro da cidade tsientr gorada
cerca: cerca de 16 okala chissnatsati
cereja *(azeda)* vichnia
certeza uverinast'
você tem certeza? vy uvieriny?
certificado ossvidietil' stvavanie
cerveja piva
cesta karzina
céu nieba
chá tchai
chamada *(telefônica)* tilifonyi zvanok
chamar: como isso chama? kak eta nazyvaitsa?
chapéu shliapa
chapéu de peles mikhavaia chapka
charuto cigara
chave kliutch
chave de fenda atviortka
cheio polnyi
cheirar pakhnut'
cheiro zapakh
cheque tchiek
chiclete jivatyel'naia rizinka
chifre rok
China kitai
chocolate chikalat
chorar plakat'
chupeta soska
chuva dosht'
chuveiro dush
cidade gorat
cigarro cigarieta
ciumento rivnivyi
cinema kino
cinto poias
cinza sieryi
cinzeiro piepielnitsa
circo tsirk

claro *(adj.)* svietlyi
(óbvio) iassna
está claro? eta iasna?
é claro que... kanieshna...
clube klup
cobertor adi-iala
cobrador kanduktar
coçar: coça tchiechitsa
coceira tchissotka
cogumelo grip
coisa viech'
cola klei
colapso nervoso niervnaie rasstroistva
colar ajirielie
colarinho varatnik
colchão matras
coleção *(de selos etc.)* kaliektsia
coletivo kaliktif
colher loshka
colina kholm
colírio glaznyie kapli
colocar klast'
com s
com frequência tchasta
com licença! *(para pedir passagem e abordar alguém)* izvinitie! prastite!
combinar iti
combina com você vam idiot
começar natchinat'
comer iest'
comida ieda
comissária de bordo stiyardessa
como: como? kak?
é como... eta kak...
compartimento de bagagens bagajnaia polka
complemento dapalnienie
complicado slojna
comprar pakupat'
comprido dlinyi
comprimento *(extensão)* dlina
comprometido *(casal)* pamolvlienyi
comum abytchnyi
concerto kantsiert
congelado zamarojenyi
congestionamento propka
conhaque kaniak
conseguir dastavat'
constrangido smuchionyi
construção zdanie
consulado konsul'stva
conta shiot
não é da sua conta eta ni vashe diela
contente rat
estou contente *(homem)* ia rat
(mulher) ia rada
contra protif
contraceptivo prativa-zatchatatchnaie srietstva
conversa razgavor
conversar razgavarivat'
convite priglachenie
copo stakan
cor tsviet
coração siertse
corda *(de instrumento)* struna
(de pular) vieriofka
cordão de sapato chnurki
cordeiro *(carne)* baranina
cor-de-rosa rozavyi
corpo tiela
corredor karidor
correr bijat'
correspondência potchta
correto pravil'nyi
cortar riezat'
cortar carne rubit'
corte *(de dedo)* paries
corte de cabelo strishka
cortina zanavieska

Cortina de Ferro jilieznyi zanavis
cosméticos kasmietika
cossaco kazak
costa *(litoral)* bierik
costas *(parte do corpo)* spina
costurar shit'
cotovelo lokat'
couro koja
couve-flor tsvitnaia kapusta
cozinha kukhnia
cozinhar gatovit'
cozinheiro povar
creme maz'
criança ribionak
Crimeia krym
cruzeiro kruiz
cuidado astarojna
  tome cuidado! astarojna!
curativo plastyr'
curto karotki
custar sto-it'
  quanto custa? skol'ka eta sto-it?

D

damasco abrikos
dança taniets
dar davat'
data tchislo
de ot
  eu sou de Londres ia iz londana
de repente vdruk
decolagem atpravlienie
dedo paliets
deficiente físico invalit
deitar: ir deitar laji'tsa spat'
deixar *(algo em algum lugar)* astavliat' *(de carro)* u-ie-jat'
dela: a bolsa dela i-io sumka/sumki
  a casa dela i-io dom
  é dela eta i-io
  os sapatos dela i-io tufli
dele: a casa dele ivo dom
  é dele eta ivo
  é deles eta ikh
  o livro/os livros dele ivo kniga/knigi
  o quarto deles ikh komnata
delegacia atdilienie militsii
demais slichkam
dentadura pratiez
dente zup
dentista zubnoi vratch
depois poslie
descansar otdykh
descolorir *(cabelos)* vyssvitlit'
desconfortável niudobnyi
desculpe prastite, izvinite
  me desculpe izvinite
desejo jilat'
deslizar *(carro)* zanassit'
desmaiar tiriat' saznanie
desodorante diezadarant
despertador budil'nik
detergente jitkast' dlia mytia passudy
devagar miedlinyi
dever doljen
devolver vazvrachiat'
dia dien'
diamante brili-ant
diário dnivnik
diarreia panos
dicionário slavar'
diesel dizil
dieta di-ieta
diferente *(outro)* drugoi *(variado)* raznyi
  é algo diferente eta drugoie diela
difícil *(adj.)* trudnyi
dinheiro diengui, maniety
  em dinheiro *(espécie)* nalitchnyie

pagar em dinheiro platit' nalitchnymi
direita pravy
à direita naprava
dirigir vadit'
disco *(de vinil)* plastinka
distensão rastijenie
diversão razvli-tchie-nie
diversos nieskal'ka
divertido smichnoi
divorciado *(homem)* razvidionyi
(mulher) razvidina
dizer gavarit'
como se diz...? kak budit...?
o que você disse? chto vy skazali?
doce slatki
documento dakumient
doença baliezn'
doente *(homem)* bal'noi
(mulher) bal'na-ia
dólar dolar
dor bol'
dor de cabeça galavna-ia bol'
dor de dente zubnaia bol'
dor de estômago bol' vjilutke
dormir spat'
durante vo-vriemia
duro tviordyi
duty-free magazin bispochlinai targovli

E

e i
ela ana
dê a ela atdaitieei
é ela eta ana
para ela dlia ni-io
elástico rizinka
ele on
dê a ele atdaitie imu
é ele eta on
para ele dlia nivo
eles ani
dê a eles atdaite im
são eles eta ani
para eles dlia nikh
eletricidade iliktri-tchi-stva
elétrico iliktri-tchi-ski
elevador *(de edifícios)* lift
em (no, na) v
em inglês pa-angliski
no correio na potchtie
no hotel v gastinitse
e-mail i-meil
embaixada pasol'stva
embalagem pakiet
(encomenda) pasylka
embreagem piridatcha
empresa aérea avialinia
empurrar tolkat'
encher totalmente napolniat'
encomenda passylka
encontrar fstritchat'
endereço adries
endereço de e-mail adris iliktronai potchty
enfermeira midsistra
enquanto paka
ensolarado: está ensolarado solnitchna
então tagda
entender panimat'
eu entendo panima-iu!
não entendo ia ni panimaiu
entrada *(de um lugar)* plata za fkhot
entrar fkhadit'
entre miejdu
envelope kanviert
envenenamento atravlienie
enviar passylat'
equipe kamanda
era: nós éramos my byli

vocês eram *(pl., formal)* vy byli
(sing., familiar) *(homem)* ty byl
(mulher) ty byla
eles eram ani byli
errado nipravil'nyi
erro ashipka
cometer um erro ashibat'sa
ervilha garokh
escada liessnitsa
escocês *(adj.)* shatlantski
(homem) chatlandits
(mulher) shatlantka
Escócia chatlandi-ia
escola shkola
escova shiotka
escova de dentes zubnaia chiotka
escritório ofis
escultura skul'ptura
escuro timno
esmalte de unha lak dlia naktei
esmeralda izumrut
espaço miesta
espada lapata
espanador gaietchnyi kliutch
especialmente assobina
espelho zierkala
esperança nadiejda
esperar *(aguardar)* jdat'
(ter esperança) nadie-iatsa
esperto umni
espião chpi-on
espinafre shpinat
espingarda rujio
espinha spina
esporte sport
esposa jina
espuma de barba kriem dlia britia
espumante chiputchi
esquecer: não esqueceu nada nitchivo ni asstalas'
esquerda lievyi
esquiar katat'sa na lyjakh
esquina ugal
esquis lyji
esses, essas: essas coisas eti viechi
esses são dele eta ivo
esses são meus eta ma-i
estação *(metrô)* stantsia
(terminal) vakzal
estação rodoviária aftobusnaia stantsia
estacionar stavit' machiny
estádio stadion
Estados Unidos saidinionyie chtaty
estágio stsena
estar doente baliet'
estátua statu-ia
este, esta, isto:
esta mulher eta jenchina
este é o senhor… eta gaspadin…
este ônibus etat aftobus
o que é isto? shto eta?
estepe stiep'
estômago jiludack
estrada daroga
estrangeira inastranka
estrangeiro *(pessoa)* inastranits
estranho *(adj.)* strany
estreito uzki
estrela *(cinema)* kinazvizda
(corpo celeste) zvizda
estúpido glupyi
etiqueta etikietka
eu ia
Europa ivropa
excelente atlitchna
excesso de bagagem pirivies bagaja
excursão ikskursia
exemplo primier
por exemplo naprimier
Exército Vermelho krassnaia armia

explicar abisniat'
exposição vystafka
extensão *(comprimento)* dlina
extintor de incêndio agni-tuchi-tiel'

F
faca nosh
fácil likh-ko
falar gavarit'
  eu não falo... ia ni gavariu pa...
  você fala...? vy gavarite pa...?
família sim'ia
farinha muka
farmácia aptieka
fato fakt
favor: por favor pajalsta
fazenda fierma
fazendeiro fiermer
fazer dielat'
febre timpiratura
fechada: a loja está fechada magazin zakryt
fechar zakryvat'
feijão fasol'
feira iarmarka
feliz *(adj.)* chislivyi
feminino jenski
férias otpusk
ferida rana
ferrão ukus
ferro *(metal)* jilieza
ferro de passar roupa utiuk
ferrolho *(da porta)* bolt
ferrovia jilieznaia daroga
ferrovia transiberiana trans-sibirski ikspres
festa *(à noite)* vitchirinka
fígado pietchin'
fila otchirit'
filha dotch'
filho syn
  (pl.) dieti
filme *(cinema)* fil'm
  (para máq. fotográfica) plionka
filme colorido tsvitnaia plionka
filtro fil'tr
final kaniets
finalmente! nakaniets
Finlândia finliandi-ia
fino tonki
flash *(máq. fotográfica)* fspyshka
flauta fleita
flor tsvitok
floresta lies
fluido de isqueiro binzin dlia zajigalki
fogos de artifício saliut
folha list
folhinha listofka
fome: estou com fome *(homem)* ia goladien
  (mulher) ia galadna
fora na ulitse
forma forma
formar fila stait' votchiridi
formulário blank
fósforo spitchka
fotocópia ksieraks
fotografar fatagrafiravat'
fotografia fatagrafia
fotógrafo fatograf
fraldas descartáveis adnarazaviye pampierssy
francês *(adj.)* frantsuski
fratura pirilom
freezer marazil'nik
frente: em frente fpiriot
  em frente ao hotel naprotif gasstinitsy
frequentemente tchasta
fresco prakhladnyi
frigideira skavarada

frio khalodny
frio muito intenso maros
fritar jarit'
fronteira granitsa
fruta frukt
frutos do mar marskie pradukty
fumaça dym
fumar kurit'
funcionar: não funciona ni rabotait
fundo dno, glubako
futebol futbol
(bola) futbol'nyi miatch

G

galeria de arte khudojistvinaia galireia
Gales uel's
galês uel'ski
galinha kuritsa
garagem garach
garantia garantia
garantir garantiravat'
garçom afitsiant
garçom! afitsiant!
garçonete afitsiantka
garfo vilka
garganta gorla
garrafa butylka
garrafa térmica termas
gasolina binzin
gastar *(dinheiro)* tratit'
(tempo) pravadit'
gato koshka
gel para banho guel' dliaducha
geladeira khaladil'nik
geleia varienie
gelo liot
Geórgia gruzi-ia
geral: em geral abytchna
gerente administratar
gim djin
glasnost glasnast'
gordo tolsty
gordura jir
gorjeta tcha-ivyie
gostar: gosto de nadar mnie nravitsa plavat'
gosto de você ty mnie nravichsia
gosto *(sabor)* fkus
governo pravitil'stva
grama trava
grande bal'shoi
grátis bisplatnyi
gravata galstuk
grávida birieminaia
graxa de sapato kriem dlia obuvi
grelha gril'
gripe grip
gritar kritchat'
groselha preta tchornaia smarodina
guarda storash
guarda-chuva zontik
guardanapo salfietka
guarda-roupa shkaf
guarda-volumes kamira khranienia
guerra vaina
guia de conversação razgavornik
guia de viagens putivaditil'

H

habilitação vaditil'skie prava
haver iest'
há... iest'
há...? zdies' iest'?
há um banco aqui?
zdies' iest' bank?
hematoma siniak
hepatite guipatit
história istoria
hobby khobi
hoje sivodnia
homem muchina

homeopatia gamiopatia
homossexual *(gíria)* galuboi
honesto tchiesnyi
hóquei no gelo khakei
hora tchas
  que horas são? katoryi tchas?
horrível *(adj.)* ujasnyi
hóspede gost'
hospital bal'nitsa
Hungria viengria

I

ícone ikona
idioma iazyk
igreja tserkaf'
Igreja Ortodoxa Russa russkaia pravasslavnaia tserkaf'
ilha ostraf
imediatamente nimiedlina
importante *(adj.)* vajnyi
impossível: é impossível nivazmojna
inalador *(asma etc.)* ingaliatar
incêndio pajar
incomum niabytchnyi
indiano indeiski
indicador ukazatyel' pavarota
indigestão nissvarienie zilutka
infarto sierdietchnyi pristup, infarkt
infecção infiektsia
informação infarmatsia
Inglaterra angli-ia
inglês *(adj.)* angliski
  (homem) anglitchanin
  (mulher) anglitchanka
  (idioma) angliski iazyk
ingresso *(bilhete)* biliet
iniciante natchinaiushi
injeção iniektsia
inseto nassikomaie
insônia bissonitsa
instrumento musical muzykal'nyi instrumient
integrante do partido tchlien partii
inteiro tselyi
intencionalmente narochna
interessante intiriesnyi
interior *(campo)* dirievnia
internacional miejdu-narodnyi
internet internet
interpretar *(traduzir)* pirivadit'
intérprete pirivotchik
intervalo piriryf
intoxicação alimentar pichivo-ie atravlie-ie
inútil bispalieznyi
Irlanda irlandia
Irlanda do Norte sievirnaia irlandia
irlandês *(adj.)* irlantski
  (homem) irlandits
  (mulher) irlantka
irmã sistra
irmão brat
isqueiro zajigalka
isso eta

J

já ichio, uje
janela akno
jantar abiet
jaqueta *(paleto)* pidjak
jardim sat
jazz djas
jeans djinssy
joalheiro iuvilir
joelho kaliena
jogar igrat'
jogo igra
jornal gazieta
junto vmiestie
justo spravidlivyi

K

KGB ka-gue-be
Kremlin krieml'

L

lã cherst'
lábio guba
lado starana
  ao lado okala
ladrão vor
lago oziera
lâmina de barbear britvinaie liezvie
lâmpada lampa
lanche zakuska
lanterna fanarik
lápis karandash
laranja *(cor)* aranjevyi
  (fruta) apil'sin
largo chiroki
lata banka
lata de conserva kansiervnaia banka
lavagem a seco khim-tchistka
lavanderia *(lugar)* pratchichnaia
lavanderia automática pratchichnaia sama-apslujivanie
lavatório tualiet
laxante slabitil'naie
legume ovach'
leite malako
lembrar pomnit'
  eu não lembro ia ni pomniu
lenço nassavoi platok
lençóis pastel'naie bilio
lençol prastynia
lente linza
lentes de contato kantaktnyie linzy
ler tchitat'
leste vastok
levantar fstavat'
leve liokhki
libra funt
licor likior
ligar/desligar *(aparelhos elétricos)* vkliutchat' / vyklintchat'
limão limon
limonada limanat
limpo *(adj.)* tchisstyi
língua iazyk
liquidação rasspradaja
lista spissak
lista telefônica tilifonyi spravatchnik
litro litr
Lituânia litva
livraria knijnyi magazin
livre *(adj.)* svabodny
livro kniga
lixa de unha pilka dlia naktei
lixeira mussarnaia karzina
lixo mussar
localizar staiat'
loja magazin
loja de alimentos bakaleia
loja de departamentos univirmak
longe daliko
  é longe? eta daliko?
lotado piri-polni-nyi
lua luna
lua de mel midovyi miesits
lugar miesta
  em algum lugar gdie-ta
  em nenhum lugar nigdie
  em todos os lugares vizdie
luvas pirtchatki
luzes laterais patfarniki
luzes traseiras zadnie fary

M

maçã iablaka
maçaneta rutchka
machado tapor
macho muchskoi
maço de cartas kaloda kart

madeira dieriva
maduro zrieli
mãe mat'
mais bol'she
  algo mais chto-ta ichio
  alguém mais kto-ta ichio
  em mais algum lugar gdie-ta yeshshyo
mal: eu me sinto mal ia plokha sibia tchustvu-iu
mala tchimadan
maleta damskaia sumka, tchimadan
mamãe mama
manhã utra
  pela manhã utram
mansão vila
manteiga masla
manto *(para cabeça)* platok
mão ruka
mapa karta
  um mapa de Moscou karta maskvy
maquiagem maki-iaj
máquina de escrever pichuchia-ia machinka
mar mor-ie
Mar Cáspio kasspi-iskaie morie
Mar Negro tchornaie morie
maravilhoso tchudiessnyi
margarina margarin
marido mush
mármore mramar
marrom karitchnivyi
martelo malatok
mas no
material *(tecido)* tkan'
Mausoléu de Lênin mavzalei lienina
mecânico mikhanik
médico vratch
meia-calça tchulki
meia-noite polnatch'
meias kalgotki, naski
meio: no meio passiridinie
  meia hora poltchassa
meio-dia poldien'
mel miot
melão dynia
melhor lutchie
  o melhor lutche
menina dievuchka
menino mal'chik
menos mienche
mercado rynak
mergulho nyriat'
mês miessits
mesa stol
mesmo: as mesmas pessoas tie je liudi
  o mesmo vestido to je plat'ie
metade palaveina
metrô mitro
meu, minha: é meu eta maio
  minha bolsa maia sumka
  minha casa moi dom
  minhas chaves ma-i klintchi
mexer dvigat'sa
  não se mexa! ni dvigaitis'!
mexilhões midii
mim: para mim dlia minia
minuto minuta
missa slujba
mochila riukzak
moda moda
modem madem
modo: de algum modo kak-ta
moeda manieta
mola rissora
molhado mokry
molho so-us
montanha gara
monumento pamitnik
morango klubnika

morder kusat'
mordida ukus
morno tioplyi
morrer umirat'
morto miortvyi
mosaico mazaika
mosca mukha
Moscou maskva
mosquito kamar
mostarda gartchitsa
mosteiro manastyr'
mostrar pakazyvat'
motocicleta matatsikl
motor dvigatil', mator
motorista vaditil'
móveis miebil'
muito mnoga, otchin'
muito melhor/mais lento garazda lutche/miedlinie
não muito nimnoga
muletas kasstyli
mulher jenchina
museu muzei
música piessnia, muzyka
música clássica klasitchiskaia muzyka
música folclórica narodnaia muzyka
música pop pop muzyka
músico muzykant

N

nada nitchivo
nadar plavat'
namorada padruga
namorado druk
não *(resposta)* niet, nie
não funciona ni rabotait
não tenho dinheiro u menia niet dienik
nariz nos
nascer: eu nasci em...
(homem) ia radilsa v...
(mulher) ia radilas' v...
neblina tuman
necessário *(adj.)* nujnyi
negativo *(foto)* nigatif
negócio diela
neozelandês
(homem) navazilandits
(mulher) navazilantka
neta vnutchka
neto vnuk
nevar sniek
está nevando idiot sniek
noite notch'
durante a noite zanatch'
esta noite sivodnia vietchiram
noiva niviesta
noivo jinikh
nome *(primeiro nome)* imia
normal abytchnyi
norte sievir
nós my
dê-nos daite nam
é para nós eta dlia nas
nosso nash
é nosso eta my, eta nashe
notícias novasti
Nova Zelândia novaia zilandia
novamente snova
novo novyi
noz ariekh
número nomir
nunca nikagda

O

obrigado! spassiba!
obscuro *(adj.)* tusklyi
obturação plomba
ocidente: no Ocidente na zapad-ie
óculos atchki

óculos de proteção zachitnyie atchki
óculos de sol solnitchnyie atchki
ocupado zanit, zaniato
oceano aki-an
oeste zapat
oficina stantsia tiekh-absluji-va-nia
OK ladna
olá zdrastui-tie
óleo masla
óleo de bronzear masla dlia zagara
olhar smatriet'
olhos glaza
ombro plitcho
omelete amliet
onda valna
onde? gdie
ônibus *(urbano)* aftobus
(para viagens) aftobus
ontem ftchira
ópera opira
orquestra arkiestr
osso kost'
ótica optika
ou ili
ouro zolata
outro drugoi
outro café isho kofe
outro quarto drugoi nomir
ouvido ukha *(plural)* uchi
ouvir slushat'
ovo ia-itso

P

pacote patchka
padaria bulatchnaia
padre svicshienik
pagar platit'
página stranitsa
pai atiets
pais raditieli
país strana
palácio dvariets
palavra slova
pálido bliednyi
pane *(mecânica)* palomka
panela kastriulia
pano para pó triapka dlia pyli
panqueca bliny
pão khliep
papai papa
papel bumaga
papel de carta patchtovaia bumaga
papel de embrulho abiortatchna-ia bumaga
papel higiênico tualietnaia bumaga
paquistanês pakistanski
par para
para v, dlia
para a Inglaterra vangliu
para a estação na vagzal
para baixo vnis
para cima navierkh
para mim dlia minia
para o médico k vratchu
para quê? dlia tchivo?
para trás nazat
parabéns! pazdravlia-iu!
parada *(de ônibus)* astanofka
parafuso vint
parar *(algo)* astanavlivat'
(interromper) astanavlivatsa
pare! stoi!
parecer kazat'sa
parede stina
parente rotstvinik
parque park
parte tchast'
particular tchassnyi
partida *(esportiva)* match
partido *(político)* partia
Partido Comunista kamunisti-tchiskaia partia

partir u-ie-khat'
Páscoa paskha
passado: mês passado proshlam miesitse
semana passada na proshlai nidielie
passageiro passajir
passaporte pasport
passeio pragulka
(excursão) ikskursia
pasta de dente zubnaia pasta
pasta executiva partfiel'
pastilhas para tosse tablietki at kachlia
patinar no gelo katat'sa na kan'kakh
patins de gelo kan'ki
paz mir
pé naga
a pé pichkom
(plural) nogui
peça *(de teatro)* p'iessa
pedaço kusok
pedestre pichikhot
pedir *(em um restaurante)* zakazyvat'
pegar brat'
peito grut'
peixe ryba
peixeiro rybnyi magazin
pele *(animal)* miekh
pensar dumat'
vou pensar sobre isso ia padumaiu ab etam
pensionista pinsianier
pente ras-chios-ka
pentear ras-tcho-sy-vatsa
pepino aguriets
pequeno malinki
pera grusha
perder tiriat'
(um compromisso) apazdat'
perestroika pirisstroika
perfeito privasskhodnyi
perfume dukhi
perfuração prakol
pergunta vapros
perigoso apassno
permanente zavifka pirmanient
perna naga
pérola jemtchuk
perto bliska
perto da janela okala akna
perto da porta okala dviri
perto de Londres okala Londana
pesado *(adj.)* tyajolyi
pesca rybna-ya lovlia
pescar: ir pescar khadit' na rybalku
pescoço cheia
pêssego pierssik
pessoa liudi
pia rakavina
piada shutka
piano fartepiana
picada *(de inseto)* ukus nasikomava
picar kusat'
pijama pijama
piloto pilot
pimenta pierits
pinça pintset
pincel kist'
pingue-pongue ping-pong
pinheiro sasna
pintura kartina
pior khuje
o pior khudche-ie
piquenique piknik
pirulito lidiniets
piscina basssein
piso pol
pizza pitsa
placa znak

placar chiot
plano *(nível)* ploski
planta rasstienie
plástico *(adj.)* plasstikavyi
plataforma platforma
plugue chtepssil'
pobre biednyi
poder: posso...? mojna...?
polícia militsia
policial *(homem)* militsianier
política palitika
Polônia pol'sha
poltrona kriessla
(de teatro) parter
poluição zagriznienie
ponte most
pontos turísticos...
dasta-primi-tchatil'-nasti...
popular papuliarnyi
porco *(carne)* svinina
por favor pajalsta
por quê? patchimu?
porque patamu shta
porta dvier'
portador de HIV vitch-infitsyrovanyi
porta-malas bagajnik
porteiro *(à noite)* natchnoi dijurnyi
porto port, gavan'
pós-barba adikalon
possível *(adj.)* vazmojnyi
poste potchta
pôster plakat
posto de gasolina bienzakalonka
posto de informação spravatchna-ie biuro
pouco: um pouco nimnoga
(plural) nieskal'ka
pousar prizimliatsa
povo: do povo narodny
povoado dirievnia
praça plochiat'
Praça Vermelha krassnaia plochiat'
praia pliash
prata siribro
prato tarielka
precisar nujdat'sia
eu preciso... mnie nujna...
não é preciso eta ninujna
preço tsena
preencher zapalniat'
prefeitura prifektura
prego gvozd'
preguiçoso linivyi
preocupar val'navat'sa
presente padarak
pressa: estou com pressa ia spishu
presunto vitchina
preto tchiornyi
prima dva-iu-radnaia sistra
primeiro piervyi
primeiro andar ftaroi etash
primeiros socorros skora-ia pomash'
primo dva-iu-radnyi brat
prisão de ventre zapor
problema prabliema
procurar iskat'
profissão prafiessia
proibido zaprichino'
pronto gatof
prótese dentária pratez
próximo slieduchi
próxima semana na sliedu-iuchei nidielie
próximo mês fsliedu-iuchiem miesitse
qual o próximo? shto dal'she?
público *(adj.)* abchiestvinyi
pular prygat'
pulga blakha
pulseira brassliet
pulso zapiasstie
puxar tinut'

Q

qual? kakoi
qualidade katchistva
quando? kagda?
quantidade kalitchistva
quanto? skol'ka?
quarto *(ordinal)* thitviortyi
spal'nia, komnata
(de hotel) nomir
(no vagão de trem) kupe
quarto duplo nomir sdusspal'nai kravatiu
quarto simples adnamiessnyi nomir
quase patchti
que: o quê? shto?
quebrado *(adj.)* slomanyi
perna quebrada slomana-ia naga
quebrar lamat'
queijo syr
queimadura ajok
queimadura de sol solnitchnyi ajok
queimar abjigat'
quem? kto?
de quem? chyei?
querer khatiet'
eu quero... ia khatchu...
querido daragoi
quilo kilo
quilômetro kilamietr
quinzena dvie nidieli

R

rabanete ridisska
radiador batarie-ia
rádio radi-o
raio molni-ia
rápido bystro
raro *(adj.)* rietki
raso *(adj.)* mielki
rato kryssa
recado saabchienie
receber palutchat'
receita médica ritsept
recibo tchiek
recomendar rikamindavat'
recorde *(esportivo etc.)* rikort
redondo kruglyi
refeição ida
refeitório stalova-ia
regente dirijor
registro anotação zapis'
régua lineika
religião riligui-a
relógio tchassy
remédio likarstva
renda krujeva
repelente para inseto srietstva at nassikomukh
repolho kapusta
reserva zakas
reservar zakazyvat'
resfriado grip
respirar dyshat'
eu não consigo respirar mnie trudna dyshat'
ressaca pakhmelie
restante astatak
restaurante ristaran
retornar vazvrachiatsa
reunião fstiecha
revelar *(filme)* pra-iavliat'
revista jurnal
Revolução de Outubro aktiabr'ska-ia rivaliutsia
riacho rutchei
rico *(adj.)* bagatyi
rim potchka
rímel tush dlia risnits
rinite alérgica sina-ia likharatka
rio rieka
rir smi-iatsa

rocha skala
rock rok
roda kalisso
rodovia afta-strada
rodoviária aftobussnaia stantsia
rolha propka
romance raman
Romênia rumynia
rosa roza
rosto litso
roubar krast'
foi roubado ukrali
roupa esportiva trinirovatchnyi kastium
roupa íntima nijnie bilio
roupas adiejda
roupas sujas griaznaie bilio
roxo fialietavyi
rua ulitsa
rubi rubin
ruim plakhoi
ruínas ru-iny
rum rom
Rússia rasi-ia
russo *(adj.)* russki
(homem) russki
(mulher) russkaia

S

sabão em pó stiral'nyi parashok
saber: eu não sei ia ni znaiu
sabonete mylo
sabor fkus
saca-rolhas shtopar
saco de dormir spal'nyi michok
saco plástico plasstikavyi pakiet
saia iupka
saída vykhat
saída de emergência zapassnoi vykhat
saída de incêndio pajarnyi vykhat
sair vykhadit'
sal sol'
sala de aula *(classe)* klas
sala de espera zal ajidania
sala de estar gastina-ia
sala de jantar stalova-ia
salada salat
salame kaptchonaia kalbassa
salmão lasos'
salsicha sasiska
salto *(de sapato)* kabluk
samovar samavar
sandálias sandali
sanduíche buterbrot
sangue krof'
sapatos tufli
satisfeito: estou satisfeito
(homem) ia syt
(mulher) ia syta
saúde zdarov'ie
(brinde) vache zdarovie!
sauna sa-una
se iesli
secador de cabelo fien
seco sukhoi
secretária eletrônica afta-atvietchik
seda cholk
sede: estou com sede ia khatchu pit'
segundo *(ordinal)* ftaroi
(tempo) sikunda
seguro *(adj.)* bizapassnyi
(subst.) strakhofka
sellotape® lipkaia lienta
selo marka
selvagem *(adj.)* diki
sem biez
semana nidielia
sempre fsiegda
senhor gaspadin
senhora gaspaja
sentar sadit'sa

sentir tchustva-vat'
  estou sentindo calor mnie jarka
  não me sinto bem mnie plokha
separado atdiel'nyi
ser: eu era *(homem)* ia byl
  (mulher) ia byla
  era eta byla
sério sirioznyi
serviço *(missa)* slujba
  (restaurante) apslujivanie
servir apslujivat'
seu vash *(singular, familiar)* tvoi
  é seu? eta vache/tvaio?
  seu livro vacha/tvaia kniga
  seus sapatos vachi/tvai tufli
shorts shorty
Sibéria sibir'
sim da
simples *(adj.)* prastoi
sinagoga sinagoga
sino kolakal
sob pod
sobre na, nat
sobrenome familia
sobrinha plimianitsa
sobrinho plimianik
socialismo satsializm
sol sontse
solteiro *(homem)* khalastoi, nijinat
  (mulher) nizamujnia-ia, nizamujem
sombra tien'
sonífero snatvorna-ie
sono son
sopa sup
sorrir ulybatsa
sorriso ulypka
sorte udatcha
  boa sorte! jilaiu udatchi!
sorvete marojnaie
sorvete de fruta fruktovayie
  marojnaie
soviete savietski
sozinho adin
***spray* de cabelo** lak dlia valos
suar patiet'
subsolo padval
suco de fruta fruktovyi sok
suco de laranja apil'ssinavyi sok
suco de tomate tamatny sok
suficiente dastatatchna
sujo *(adj.)* griaznyi
sul iuk
sunga plafki
suor pot
supermercado supermarket
surdo glukhoi
surpreender udivliat'
sutiã biustgaltir
suvenir suvinir

T

tabaco tabak
tabela de horários raspissanie
talão de cheques tchekavaia
  knijka
talco tal'k, pudra
talvez mojet byt'
tamanho razmier
também takje
tampa *(de garrafa)* propka
  (de pia) zatytchka
tapete *(grande)* kavior
  (pequeno) kovrik
tarde vietchir
  está ficando tarde pozna
tarifa de viagem stoimast' praiezda
taxa de câmbio valiutnyi kurs
teatro tiatr
tecido tkan'
tedioso skutchnyi
telefonar zvanit'
telefone tilifon

telefone celular mabil'nyi tilifon
telegrama tiligrama
televisão tilivizar
temperatura timpiratura
tempestade buria
tempestade com raios graza
tempestade de neve sniejnaia buria
tempo *(meteorologia)* pagoda
(período) vriemia
tênis tenis
tentar probavat'
ter imiet'
eu não tenho... u menia niet...
tenho de ir agora mnie para
você tem...? u vas iest'...?
terceiro trieti
termômetro gradussnik
terno kastium
terra zimlia
térreo piervyi etash
terrivelmente *(adv.)* ujassno
tesoura nojnitsy
teto krysha
tia tiotia
tigela piala
tinta kraska
(de caneta) tchirnila
tio diadia
toalete tualiet
toalete feminino jenski tualiet
toalete masculino muchskoi tualiet
toalha palatientse
toca-discos *(de vinil)* praigryvatel'
toca-fitas magnitafon
tocar trogat', igrat'
todos, todas fsie'
todas as coisas fsio
todas as ruas fsie ulitsy
tomate pamidor
tônico tonik
toque *(telefone)* zvanit'
torcedor balel'chik
torneira kran
tornozelo ladychka
torrada padjarinyi khliep
torre bachnia
tosse kashil'
tossir kashliat'
totalmente safsiem
touca de natação kupal'naia chapatchka
trabalhar rabotat'
trabalho rabota
tradição traditsia
traduzir pirivadit'
trailer dom-aftafurgon
traje de banho kupal'nyi kasstium
trampolim tramplin
trânsito ulichnaie dvijenie
trator traktar
traveller's cheque darojnyi tchiek
travesseiro padushka
trem poiest
tricotar vizat'
trilha trapinka
tripulação ikipach
triste grussnyi
trocar *(de roupa)* piri-adi-vatsa
(dinheiro) razminiat'
troco *(moeda)* miniat'
trólebus traleibus
tubulação trubaprovat
tudo: isso é tudo, obrigado fsio, spassiba
túnel tunel'
Turcomenistão turkmienia
turista turist
TV a cabo kabil'naie tilividinie
TV por satélite sputnikavaie tilividenie

U

Ucrânia ukraina
uísque viski
último *(adj.)* passliedni
um adin
úmido syroi
unha nogat'
União Soviética savietski saius
único adin
universidade univirsitet
Urais ural
urgente *(adj.)* srotchnyi
usar upatribliat'
uso upatriblienie
USSR es-es-es-er
usual abychnyi
utensílios de cozinha kukhanyie prinadliejnasti
útil palieznyi
uva vinagrat
uva-passa izium

V

vagão vagon
vagão-dormitório spal'ny vagon
vale dalina
válido deistvitel'nyi
válvula klapan
vara de pesca udatchka
varanda balkon
vaso vaza
vazio pustoi
vegetariano *(pessoa)* viguitarianits
vela svicha
vela de ignição zapal'naia svitcha
velho staryi
vencer vyigryvat'
vendedor pradaviets
vender pradavat'
ventilador vintiliatar
vento vieter
ver vidit'
  não consigo ver ia ni viju
verdade pravda
verdadeiro *(adj.)* nastoiachi
verde zilionyi
vermelho krasnyi
vespa assa
vestido plat'ie
vez: é minha vez moi tchiriot
viagem paiestka
viajar putichestvavat'
viajar de carona putichestvavat' afta-stopam
vida jizn'
videoteipe vidio-kassieta
vidro stiklo
vinagre uksus
vinho vino
violão gitara
violino skripka
vir prikhadit'
  eu venho de... ia iz...
  venha aqui! iditie siuda!
virar pavaratchivat'
visita vizit
visitante pasititiel'
  (turista) turist
visitar pasichiat'
vista vit
visto viza
vitamina vitamin
vitela tiliatina
voar litiet'
você *(formal)* vy
  (singular, familiar) ty
vodca votka
voltagem naprijenie
voltar vazvrachiatsa
voo reis
voz golas

W

website vep-sait

X

xadrez shakhmaty
xale shal'
xampu shampun'
xerez kheres
xícara tchachka

Z

zoológico zaapark